Gottlieb Heinrich Heinse

Italien's Liebesleben

Gottlieb Heinrich Heinse

Italien's Liebesleben

ISBN/EAN: 9783743314580

Hergestellt in Europa, USA, Kanada, Australien, Japan

Cover: Foto ©Suzi / pixelio.de

Manufactured and distributed by brebook publishing software
(www.brebook.com)

Gottlieb Heinrich Heinse

Italien's Liebesleben

Italien's
Liebes - Leben.

Fünfte revidirte Auflage

von

Fiormona, Briefe aus Italien.

Durchgesehen von

Friedrich Rückert.

Berlin, 1869.
Verlag der Rauck'schen Buchhandlung.

Vorbericht

des Herausgebers.

Ich studirte in den Jahren 1803 und 1804 in G. mit einem jungen Manne, mit dem mich bald gleiche Neigung, feurige Jugend, und die Liebe zu den alten Sprachen fester verband. Er war von guter Familie, besaß ein anständiges Vermögen, und hatte alle Gelegenheit, seine Zeit der Musik, seiner Lieblingsneigung, und dem Studium der Alten zu widmen. Ueber seinen Charakter sage ich hier weiter nichts. Er leuchtet aus seinen Briefen hell hervor. Die Erinnerung an die süßen Stunden unseres Umgangs, an die hohen Schwärmereien einer heiligen Freundschaft, und an das Vergnügen, welches mir sein heller, trefflicher Geist gewährte, lockt mir noch jetzt Thränen der Freude und der Wehmuth in's Auge.

Im Jahre 1806 reiste er durch einen großen Theil von
Deutschland nach Italien. Hier war er in seinem Elemente.
Ein ununterbrochener Briefwechsel setzte mich in den Stand,
ihn mit meinen Gedanken überall zu begleiten, und — wie wir
es bis dahin gehalten hatten — seine geheimsten Empfindungen
nachzufühlen. Diese Briefe werden mir ewig ein theurer Schatz
sein; so oft ich sie in die Hand nehme, wird es heiter um mich,
und es ist mir, als wandelte ich mit ihm unter dem milden
Himmel Italien's.

Diese hier dem Drucke übergebenen Briefe enthalten einen
Theil seiner Geschichte in Italien; den interessantesten, aber
leider, den letzten seines schönen Lebens! Am wärmsten Mittag
fiel die herrliche Sonne von ihrer Höhe. — So viel ich von
der traurigen Katastrophe erfahren konnte, habe ich in unge-
schminkter Wahrheit erzählt; es wird gewiß manche Thräne
fließen, so wie die meine auf dies Denkmal geflossen ist.

Wer diese Briefe gelesen hat, wird mir wegen ihrer Bekanntmachung nicht zürnen. Was so ein Geist dachte und empfand, daran muß sich noch mancher Enkel erwärmen. Der
Jüngling wird ihm mit freudigem Bruderkuß entgegen jauchzen,
und das kältere Alter den liebenswürdigen Sohn der Freude
lächelnd und gern schwärmen hören. — In den Briefen selbst
habe ich nichts geändert; Familienangelegenheiten und Privat-
sachen mußte ich weglassen. So sind sie ganz der reine Abdruck
seines Geistes.

Den Schaden, den die Moralität meiner Leser durch sie leiden könnte, nehme ich auf mich. Wer so groß und so stark ist, dieser Moral zu folgen, für den ist jede andere ungültig; und wer nicht Fiormona ist, kann es sich nicht einfallen lassen, so zu handeln. — Fliege gegen die Sonne, und halte ihren Glanz aus, wenn Du nicht Adler bist!

Von meines Freundes Familie lebt kein naher Verwandter mehr. Sollten irgend Einem, dem seine Geschichte bekannt ist, diese Blätter in die Hände fallen, so wird er zu discret sein, um durch eine nähere Bekanntmachung der Personen irgend jemanden der Lebenden zu kompromittiren. Eine andere Klasse von Mitwissern wird aus eigenem Interesse schweigen.

Und er, der längst seinem Richter gestanden hat, und über jedes menschliche Urtheil erhaben in reineren Lüften wandelt, wird es mir gern verzeihen, daß ich seine Mitbürger, die er so herzlich liebte, näher mit seinem Geiste bekannt machte.

H . . . e.

Es war eine Stunde nach Mitternacht, als ich sie verließ. Orion tauchte eben seine Strahlenschulter ins Meer, und vom nahen Morgenhauch gekräuselt, spielten die Wellen lauter an's Gestade. Wie ein Trunkener wankt' ich durch die blühenden Gehege fort; der Himmel mit allen seinen Sternen zitterte vor meinen Blicken; wunderbar schwamm und wogte meine Seele durch die herrlichen Gestalten. Lieber Franz! was ist ein Jahrhundertlanges Leben gegen solch' e i n e Nacht voll Genuß!

Ich warf mich auf's Lager nieder; aber das innere glühende Leben wallte fort, und ich konnte kein Auge schließen. Ich legte mich in's Fenster, und ließ mich vom Morgenwinde kühlen; und der Duft der blühenden Pommeranzen und Zitronen stieg in warmer Luft zu mir auf. Der Golf dampfte majestätisch und im dämmernden Morgenroth schwammen leise Wölkchen herauf.

Was ist das Leben, mein Freund, ohne diesen Genuß, daran sich Leib und Seele weidet! Schäumend schwillt der Becher vor meinen Lippen an; ambrosisch umströmt mich sein Duft; aber ich will ihn ganz ausleeren, und sollte ich mit dem

1

letzten Tropfen selbst hinunterfluten. Besser, die Jugend voll
Kraft und Herrlichkeit durchtanzt, und dann rasch hinüber; als
an der gebrechlichen Krücke des darbenden Alters sich in eine
andere Welt schleichen.

Sie ist ein gelungenes, herrliches Geschöpf; von der Natur
in einer ihrer liebevollsten Launen geboren; voll inneren, warmen
Lebens; eine heitere Phantasie, kein kränkelndes Hirngespinnst
irgend eines ohnmächtigen Moralschreibers! Sie erkennt und
versteht den großen Zug der Natur! Vereinigung des Lebendigen und Schönen, und folgt ihm mit so einer Dahingebung,
und doch solch einer Kraft. — Es ist einzig! und Euch, Menschen am Eispool, unverständlich.

Für meine Person darfst Du nichts fürchten. Ich gehe
in dem Hause aus und ein, aber keine Seele ahnet etwas.
Die Mutter ist eine große Freundin von schauerlichen Mährchen, und findet, daß ich gut erzähle; dem Onkel helf' ich bei
seinen physikalischen Experimenten. Jetzt wohnen sie auf ihrem
Landhause, nahe am Golf; und da ich das vorher wußte, hatte
ich mich längst in der Nachbarschaft eingerichtet. Fiormona ist
kalt, wie eine Juno, sobald wir mit andern zusammen sind; aber
heiter, schuldlos und ungezwungen. Sie ist eine große Freundin
der Musik. Von ihrem trefflichen Spiel habe ich Dir, dünkt
mich, schon einmal gesagt; himmlich schön sind ihre Modulationen; auf den Tönen ihrer Laute fliegt die Seele ihr durch
alle Himmel nach, und auf dem Calascione gaukelt sie in unendlichen Launen hin und wieder. Sie hat einen richtigen Geschmack und ein rasches Gefühl, das darum nicht wenig fein
ist. — Diese gleiche Neigung, die Gelegenheit zu unserer Be-
kanntschaft gab, verschafft uns jetzt manche Götterstunde. Doch
bedarf ich oft meiner ganzen Kraft, daß alle meine Nerven

nicht reißen, wenn sie in Gesellschaft spielt, und nun in eine Melodie einfällt, mit deren ersten Tönen sich der Himmel mir öffnet, und es wie ein Regenschauer entzückender Erinnerungen über mich herabströmt. — Ich habe sie gebeten, mich nie wieder dem Sturme auszusetzen.

Der Graf hat mir aus Rom geschrieben, daß er nächstens hier eintreffen werde. Da werd' ich seinen Cicerone machen, und des Herrn weise Meinungen einschlucken sollen. Aber ich werd' ihn fein laufen lassen. Sollen mich auch hier die bür= gerlichen Verhältnisse aus meinem Vaterlande binden? — So weit reicht die Kette nicht. Und wär's nicht meiner Mutter wegen, so ließ ich den Laffen ganz laufen.

Du schreibst mir nicht viel von meiner Schwester; aber deutest so auf sie hin, daß mir ein Unglück ahnet. · Sollte die Neigung zu L. ernsthaft werden? Das wolle der Himmel nicht! Ich weiß, er ist schon versprochen, und müßte, nach Euren Begriffen, Eine unglücklich machen. Wenn Du sie siehst, so sprich ihr Muth ein; sie soll die Natur unter das Gesetz beugen. Aber mir bangt, sie wird von dem fühllosen Riesen erdrückt werden. Steh' ihr bei. Des Himmels Wonne, die Wonne, in der Dein Freund jetzt schwimmt, werde Dein. Leb' herzlich wohl!

Neapel, den 11. Februar.

So wenig Dir die todten Buchstaben jetzt den Abdruck meines lebendigen Geistes darstellen können, so schreib ich Dir doch, Du Einziger, dem ich mein Herz ausschütte. Ja, ich fühle es jetzt, was nur in dunkeln Ahnungen vor uns schwamm, wenn die Götterkraft der Liebe, die wir mit ihrer ewigen Gewalt um uns her wirken und schaffen sahen, in Schattenbildern über unsere Seele zitterte. Wir standen am Ufer des Lebensstroms und freuten uns der wallenden Bewegung — jetzt wall' ich selbst in seinen Fluten, und tauche nieder, und trinke die Quelle des Lebens. O Gefühl der Jugend! heiliges Gefühl der Liebe.

Wir machten neulich eine Partie nach Pompeji und den wiederauferweckten Ruinen. Fiormona kennt die Geschichte Griechenlands und Roms tief, und hat mit den freien Geistern dieser Heroen vertrauten Umgang gepflogen. An dem Strahle muß sich auch so eine Seele gesonnt haben. Die Mutter, der Onkel und noch ein paar Geschöpfe aus der Verwandtschaft hörten die Erklärung eines begabten Führers an. Fiormona und ich gingen in den Ruinen des sogenannten kleinen Landhauses auf und nieder. Das ganze ist geengt, und überall spricht Einschränkung hervor. Was weilen wir länger hier? sagte sie, ich mag die Privathäuser der Alten nicht. Ihre Forums, ihre Tempel, ihre Theater lieb ich! Da verklärte sich der herrliche Geist dieser freien Menschen. —

Wir wandten uns nach dem Isistempel, dem merkwürdigsten Ueberbleibsel in Pompeji. So viel man noch aus den Verhältnissen wahrnehmen kann, muß er einen heiteren, angenehmen Eindruck gemacht haben, der ihn wohl würdig machte,

eine Venus und einen Bacchus in seinen Mauern zu bewirthen.
Beide Statuen finden sich im Hintergrunde, wahrscheinlich dem
Versammlungsplatz der Eingeweihten. Auch Priap hat hier
einen Platz gefunden. — Da sind sie umhergewandelt, fing
Fiormona in Nachdenken versunken an, die reinen Priester der
heiligen Göttin. Es ist mir immer als ein menschlicher, ehr-
würdiger Gottesdienst vorgekommen, so weit wir sein Wesen
erkennen. Die Aufschrift in dem Tempel zu Sais ist so erhaben, so wahr: „Ich bin Alles, was ist, war, sein wird, und
kein Sterblicher hat je mein Gewand enthüllt." Man sinkt
nieder in Anbetung und die Gedanken schweben ehrfurchtsvoll
an dem Saum des unenthüllbaren Gewandes. — O, mein
Lieber, was ist all' unser kleinlicher Gottesdienst dagegen! Ich
wandte ihr manches ein, und Du hättest hören sollen, wie sie
sich so rein von allem Vorurtheil, und doch so duldend über
die Verehrung des höchsten Wesens ausließ. Es sind nur so
wenige, schloß sie und legte ihre Hand in die meine, die den
reinen Strahl der Sonne aushalten; die meisten lassen ihre
Gläser am Vorurtheil anlaufen, und sehen so blinzelnd hinauf.
Wir erkennen dich, Wesen voll Liebe, und wollen dich näher
kennen lernen, und an der Flamme in uns unsere Flügel entfalten und in tönenden Harmonien zu dir aufschweben.

Aber wie vermögen diese Worte, wie vermag diese arm-
selige Sprache dir das lebendige des herrlichen Geistes vor-
zuzaubern; wie in ihrem schwimmenden Auge sich die ganze
Seele verklärte, und um ihre Lippen der Engel des innigsten
Gebetes schwebte. Ich hätte die Gottheit sein mögen, um diese
Huldigungen zu empfangen.

Solcher Scenen erleb' ich Hunderte mit ihr; ach! und noch
ganz andere, in denen jeder Laut verstummt, Leben in Leben

überwallt, die Empfindung in Einen Genuß aufgelöst zusam=
menströmt, und Alles um uns her sinkt und schwindet. Aber
zu solchem Göttergenuß hat uns nur selten das heilige Licht
der Sonne geleuchtet; da umhüllt uns die heimliche Nacht;
da belauscht uns der sinkende Mond und die verschwiegenen
Sterne, wenn sie Meerunter gehen. — Noch blüht die Rose
in dem Kranze meiner Jungfrau; Ich weide mich, wie ein
Gärtner, an der aufblühenden Fülle. Aber am Stock darf sie
nicht welken! in ihrer Frische muß sie gepflückt werden, um in
dem jugendlichen Kranze unserer Freude zu duften.

Daß es nur immer eins und eins ist, wovon ich Dir
schreibe? Lieber Freund, wie ist es auch möglich, da nur eins
und eins meine ganze Seele ausfüllt, an etwas Anderes zu
denken, als was mit diesem Einen in Verbindung steht! Sonne
und Sterne und alle die herrlichen Gestalten der Welt möchten
ruhig ihr Wesen forttreiben, wenn sie nicht ihr Spiegel wären,
Harmonie mit ihrem Wesen, und nicht mit jeder Erscheinung
eine süße Erinnerung aufginge. Meine Kunst? die leidet wahr=
haftig nicht. Auch hab' ich zu viel an der großen Seele zu
studiren, daß ich ein Thor wäre, wie ein ängstlicher Pedant,
das Lebendige zu fliehen, und am hungrigen Buchstaben zu
nagen. — Es ist so ein großer Charakter, so ein erhabener
Geist, der diese Götterbildung belebt! Wär' ich einmal ruhig
und zum Erzählen aufgelegt, ich wollte Dir Dinge sagen, die
Dir das Herz umkehren und Dich über die Erde hinweg in
lichte Regionen heben würden. — Vielleicht nächstens! —
Mich verlangt nach Nachricht von Euch. Glaubt nicht, daß
Ihr meinem Herzen fremd geworden seid. Die Fackel, welche
Fiormona in mir aufgesteckt hat, giebt den Laren in meinem
Herzen neuen Schimmer und intensive Wärme.

Neapel, ben 20. Februar 1788.

Fürchten kannst Du für mich? Daß ich berauscht an der Ambrosia Tafel, zu kühn, wie Tantalus, herabgestürzt werde! Auch das nicht einmal. Aber Du fürchtest eine größere Hyder! In mein Herz, meinst Du, grübe ich den Stachel ein, an dessen Widerhaken ich verbluten müsse? Du rufst meinen Genius bei seinem Namen, daß er sich ermanne und nicht das Ziel vorüberfliege! Meinst Du, ich habe den heiligen Schwur unsers Bundes vergessen: gut zu sein und glücklich zu machen? — Aber Du konntest nicht anders. Ich will die Binde von Deinen Augen nehmen, und Du sollst, statt jetzt für mich zu zittern, in das Chor einjauchzen: Heil dem Göttersohn! denn solche Wonne reist nur im Olymp.

Ruhig will ich Dir erzählen, Dich in das Geheimste meiner Empfindungen führen; dann sei Richter zwischen mir und der Tugend.

Empfinden und Genießen, diese Essenz des Lebens, dies wahre Dasein haben wir in seiner höchsten Reinheit und Feinheit unserm Wesen einverleiben wollen. Erröthest Du über den geistigen und körperlichen Genuß, dem wir nachjagten? Entzückte Dich das Ewigschöne, diese Urania unserer Seelen, nicht in dem hohen Aufflug unseres Verstandes, wie im Dahinschmelzen der zartesten Empfindung? nicht im schwärmerischen Wandeln in über uns rollenden Welten, wie an dem ungeduldig klopfenden Busen der Liebe? O! ich wäre Dein Freund nie gewesen, wenn ich glaubte, Du könntest dieser menschlich himmlischen Philosophie lachen.

Wohl! — Mir ist, als vernähme ich in der Morgenluft, die in den Pignen über mich hinsäuselt, die Antwort Deines

Geistes. Wir verstehn uns noch, und diese Morgenstunde sei der Freundschaft geweiht. Du sollst das treffliche Geschöpf kennen lernen, und Dein Geist soll sich vor ihr beugen, und seine Herrlichkeit in ihr erkennend, den geheimen Bund alles Schönen und Großen unter den Sternen knüpfen. — Der Morgen ist ausgesucht dazu. Hinter mir schlummert noch die Stadt; ruhig dampft der Vesuv, und über den stillen Golf gleiten einzelne Strahlen. Der Ahorn regt sich mit seinen Sängern, und auf dem Gewölk am blauen Aether scheint sich die Liebe niederzuwiegen.

Wer in diesem Lande voll von den Spuren des Schönen aller Art, unter diesem ewig Liebeherabthauenden Himmel, umgeben von großen Gefühlen einer ehemaligen Herrlichkeit, so kalt bliebe, wie in unserem Gothischen Vaterlande, unter dem eisigen Himmelsstrich; an dem müßte keine Ader sich mehr zu Wollust regen, keine Nerve mehr für den Reiz der Schönheit empfänglich sein. Freude schwimmt in der Luft, Freude strahlt im Auge, wallt in dem jüngsten Busen, und spannt sich in jeder Muskel nach höherer Wonne, Freude schwingt den Reihentanz der Horen um das Leben dieser Glücklichen, und lächelnd webt selbst die Parce heitere Farben in die Faden. In den umkränzten Thälern, in den ewig duftenden und ewig erquikenden Hainen glaubt man sich in Amathunt; so wallen die reizenden Gruppen da umher; und von Roms Hügeln hallt noch oft der Lärm eines Bacchantenzugs durch die Tempelruinen bis ans Ufer der Tiber. Daß einem hier das Abendroth oft am Arm einer schlanken Nymphe freundlicher über die Traubenhügel schimmere; daß manche laue Nacht im vollen Genuß unter den glühenden Umarmungen einer ächten Römerin rascher verlebt wird, und die dickblütige Moral an der warmen, nackten

Herrlichkeit bald schmilzt und das Blut rascher ins Leben rollt, das wirst Du Dir denken, und weißt es aus meinen vorigen Beschreibungen. Ich floh die Unglücklichen, welchen die höchste Süßigkeit des Daseins, der volle Genuß des Lebens feil ist. Es fehlte nicht an andern, die wie Messalinen, sich in einem Meere von Wollust badeten, und denen die Herkulesgestalten am willkommensten waren: auch fand ich mehrere, die mit haus=hälterischer Feinheit und zarterer Empfindung dem allgewaltigen Drange der Natur nur da huldigten, wo sie Körperschönheit mit Geistesbildung vereinbart fanden. Sie leben meist in einer glücklichen Unabhängigkeit, scherzen im heiteren Genuß ihre Jugend dahin und laufen nicht selten am Ende noch in den Hafen der Ehe ein. Ihre Moral ist Freiheit, Jugend, Natur und Empfindung, und ihnen danke ich manche Götterkost.

Aber wie ist alles, was der üppigste Schwung der Phantasie je Wollüstiges erflog, wie tief sind selbst die edleren Gefühle einer nicht blos sinnlichen Wollust hinter dem zurückgeschwunden, was Fiormona mir aus ihrem Zauberbecher reichte!

Ich kam im Februar von Rom hierher. Dort, wie Du weißt, traf ich den Grafen, der mir eine Empfehlung an das Haus C. in Neapel gab, er kannte den Onkel von Genf aus. Hätte ich mir damals träumen lassen, als er mir von dieser reichen und alten Familie mit selbstgefälligem Stolze sprach, daß mir aus ihr der strahlende Morgenstern meines Glückes aufgehn würde! Schon zwei Tage hatte ich mich in Neapel aufgehalten, ohne von meiner Empfehlung Gebrauch zu machen; denn, wie ein Fisch im freien Elemente wollte ich erst umher=schwärmen, und mich in ungestörter Ruhe bald vom Vesuv herab in dem Anblick der herrlichen Welt unter mir berauschen, bald unter die blumenumkränzten, tanzenden Nachen auf dem

Golf mich mischen, bald an den reizenden Küsten von Sorrent,
auf classischem Boden, umher irren, bald in den Gärten der
Hesperiden zu Portici wandeln. Aber schon am zweiten Abend
war's um diese Freiheit geschehn. Ich war eben im Begriff
in eine Gondel zu steigen, um auf dem Meerbusen, der in der
Kühle des Abends von tausend fröhlichen Menschen wimmelte,
an den paradiesischen Ufern hinabzufahren, als nicht weit von
mir eine Gesellschaft auch einstieg und dicht vor uns hinruderte.
Bald weckten mich aus dem süßen Genuß, indem ich beim
Anblick der sanft verschwimmenden Gegend mich verlor, himmlische Töne einer Laute, und kaum hatte ich Zeit, mich umzu-
sehen vorher sie kämen, als sich eine Stimme mit ihnen ver-
mählte, die auf den ruhigen Wassern, leisewallend und wie
ein Hauch der Liebe zu mir herüberschwamm. Ich vernahm
keine deutlichen Laute; aber die ganze himmlische Melodie, als
wäre sie der höheren Sphähre entwandt, schmolz mein ganzes
Wesen in Harmonie. Bezaubert stand ich da, alles außer mir
verschwand; ich hörte mit meiner ganzen Seele. —

Der Gesang schwieg; ich athmete wieder auf, und hieß
meinen Führer den Nachen rascher nachrudern. Jetzt trat eine
Gestalt an der Spitze der Gondel, die nach uns gewendet war,
hervor, im flatternden luftigen Gewande, von Schönheit um-
flossen, und Grazie wie Aphrodite, da sie den wallenden Wassern
entstieg. Die Laute ruhte in ihrem Arm, und das schöne
blendende Haar flog auf den goldenen Saiten hin und wieder.
Freundlich blickte sie in die Wasserwelt hinaus, wie Gott in
seine Schöpfungen; und rings um die Chöre an den bunten
Ufern und das fernherlispelnde Getön der Tanzmusik, und die
wunderbar herrlichen Gestalten vom Pausilipp bis zur Majestät
des Vesuvs an's Gestade hingereiht, schienen ihre Seele zu

neuen Melodieen zu wecken. Gedankenvoll rührte sie hin und wieder eine Saite, daß der Ton einzeln anschlug, wie die ersten Lichtfunken aus dem Vesuv, wenn er den Ausbruch seiner Herr= lichkeit durch emporgeworfene Sterne verkündet.

Ich hatte meine Flöte bei mir, und fing nach ein paar leichten Läufen einen trefflichen Canzone von Galuppi an. Er hebt mit einer stillen betrachtenden Melodie an, aus dem tiefen Ton der Empfindung, und geht in unendlichen Modulationen zum Ausdruck der heitersten Freude über. Ich hatte ungefähr bis zur Hälfte geblasen, als sie bei einer bedeutenden Stelle mit einmal, wie ein heiterer Nachtglanz das Meer herauf, mit den Tönen ihrer Laute einfiel, mit einer Leichtigkeit und einem Ausdruck, und so recht aus voller Seele. Ich hatte Mühe fortzuspielen, denn meine Finger, — mein ganzes Wesen wollte den Athem anhalten, um nichts als Ohr zu sein. So mischten wir eine Zeitlang unsere Töne, ach! und auf den Tönen im schwebenden Hauche unsere Seelen, während unter uns und über uns die glänzende Sternenwelt uns vorschwamm, als wollte sie nach unserer Musik ihre ewigen Tänze halten. Der Himmel mag wissen, wie lange wir so auf den Wellen und den Melodieen umhergeschwommen sind! Genug, ihr Nachen landete jetzt. — Plötzlich erwachte in mir die Furcht, sie vor meinen Blicken verschwinden zu sehen und ihre Spur zu ver= lieren. Ich wandte mich an meinen Führer, und fragte hastig, ob er die Dame nicht kenne? Fiormona C. erwiederte er, und Fiormona C. wiederholte ich mir, freudig staunend in meiner innersten Seele, indem es wie Feuer durch alle meine Nerven schlug. Eben stiegen sie an's Land. Die Holde wandte sich noch einmal nach dem Wasser, wie um das allgemeine Leben vom Gestade herab zu überschauen; aber mich dünkte, ihr ganzes

Wesen ruhe mit forschendem Blick auf mir. Indem zog sie
eine Matrone hinweg, und sie folgte zögernd. Mir war's, als
ob ich durch die Wellen mich ihr nachstürzen sollte. Meer und
Gestad, Himmel und Gebirg schwamm und zitterte vor meinen
Blicken; ein neues Leben war in mir aufgegangen; ich wallte
in einem flutenden noch unbekannten Meere. Tief hallten die
Töne ihres Liebes in meinem Innern. Meine ganze Seele
ward zu dieser himmlischen Melodie, und Sonne, Mond und
alle Gestirne und alle herrlichen Wesen der Natur wandeln
und schweben seitdem ihre ewigen Bahnen nach diesen Harmonieen
vor mir.

Den folgenden Tag machte ich mich mit meinen Em=
pfehlungen zur Mutter und zum Onkel. Ich brauchte alle
Feinheit, um sie zu gewinnen, und da sie ganz gute, arglose
Geschöpfe sind, nahm sie meine ungezwungene Offenheit bald
ein. Wir kamen auf Musik, und er rühmte mir den Geschmack
seiner Nichte, worauf er sich selbst viel zu gute zu thun schien.
So ward sie gerufen. Meine ganze Seele war ihr entgegen=
gespannt. Und als jetzt das Zimmer sich öffnete, und sie vor
mir aufging, wie eine Frühlingssonne, glänzend und wärmend,
und eine holde Röthe auf ihrem Gesichte auflog, da ihr Blick
mich traf, und nach dem Staunen, um ihre Götterlippen ein
Lächeln schwebte; wie das Morgenroth zu unaussprechlicher
Seligkeit — sieh! ich mußte mein Inneres wie mit Ketten an=
schmieden, daß ich ihr nicht an den wallenden Busen stürzte. —
Heilige Natur! wer hat dich je ergründet. Wer sieht die Fäden,
an denen uns die allgewaltige lenkt? Ich sah schon schönere
Gestalten; aber so beim ersten Blick hat mir noch keine die
Seele aufgelöst.

Wir kamen bald näher zusammen. Ich hatte neue Musi=
kalien von Rom mitgebracht, die sie zu sehen wünschte. Ich
holte sie ihr, Fiormona sahe sie an, und setzte sich an's
Fortepiano. Während dem Präludiren fiel sie ein Paar mal
in die Melodie vom vorigen Abend ein, und ruhte, wie be=
deutend, auf den Tönen. Und es wallte wieder vor meinen
Sinnen, wie ein Meer, worauf sich alle Engel des Himmels
wiegen. Und welch' ein Spiel! ihre geflügelten Finger müssen
selbst von der Harmonie begeistert sein, so leicht bewegen sie
sich hin und wieder. Und welch' ein Ausdruck, welche Delica=
tesse, welche Präcision, und welch' ein wahres Feuer! Man
sieht es, wie die Töne zum Herzen gehn, und von da aus erst
das Leben der Empfindung erhalten, mit dem sie dem Ohre
vorzaubert. — Sie sprach sehr richtig über den Werth dieser
Stücke, und ich bewunderte, wie sie gleich zum erstenmale den
Geist derselben so ganz gefaßt hatte. Aber Schönheit ist ewig
und in tausend verschiedenen Formen Eins. Ihre Strahlen
leuchten umher, und die schönen Seelen erklingen, wie die Bild=
säule Memnons, bei der leisesten Berührung.

Wir brachten einen himmlischen Abend mit einander zu.
Sie führte mich im Garten zu einer Grotte von hohen Pignen
und Platanen umschattet. Hier äußerte sie sich über unser
gestriges Zusammentreffen auf dem See so fein und doch so
herzlich daß ich nicht umhin konnte, ich mußte ihr mein Ent=
zücken ausdrücken, hier in dieser schönen Welt solch' ein herr=
liches Geschöpf gefunden zu haben. — Lieber Freund, wie wenig
Zeit gehört dazu, ein Paar einverstandene, eintönende Seelen
an einander zu ketten. Wir erkannten in wenigen Stunden
einander, und faßten uns, um uns ewig zu halten. Jeder
Blick ging durch's Leben; jede Empfindung, jedes Urtheil, daß

aus dem Herzen kam, traf einen Ton der damit vollstimmte.
O! es ist der höchste Triumpf der Schöpfung, wenn sich ein
paar Geister so verstehn, daß der eine auf dem andern, wie
auf einem wohlbekannten Instrument, die Accorde rein greift;
da freut sich die Gottheit selbst ihres Werkes, und der ganze
Himmel beugt sich herunter, die Harmonie zu belauschen.

Wem die Götter solche Stunden geben, wie mich seit dem
Abend umtanzen, nur der kann einen Begriff von der Herrlichkeit
seines Daseins in dieser Welt ganz fassen. — Sieh! ich denke
mir's manchmal; wenn ich einmal Zeitlebens auf eine Galeere
angeschmiedet, im Meer umhertriebe, oder auf eine öde Insel
in die Einsamkeit geworfen würde — ich würde viel dulden bei
diesem regen Leben in meinem Herzen, bei diesem raschen Ge=
fühl, bei dieser empfänglichen tiefen Empfindbarkeit; aber da
bewahren mich alle Engel, daß ich selbst dann dies Götter=
geschenk lästern sollte! wahnsinnig müßte ich sein, diese Quelle
der höchsten Seligkeit zu verfluchen; seit ich solche Wonne in
ihrem himmlischen Wein getrunken habe. — Wie lebendig regen
sich alle Formen der sichtbaren Welt in mir! welch' ein reiner
Spiegel ist jetzt meine Seele von der Mannigfaltigkeit und doch
großen Harmonie der Natur! Das allliebende Wesen, das in Allem
waltet, hat sich auch in meinem Geiste verklärt; jetzt fühl' ich,
daß ich mit in die große Kette gehöre, welche die Welt mit Banden
der Liebe umschlingt! nichts ist todt! alles hohes Leben, Genuß
und Einklang. Jetzt hat Psyche den Schleier entfaltet, ist der
Hülle entflohen, und schwebt wie ein Sonnenadler auf den
purpurnen Wolken der Freiheit umher. — Ich habe keine

Sprache für dieses Sein! Wenn ich Dich hier hätte, dünkt mich, wollt' ich Dir's in die Seele mit dem Auge hineinsprechen, oder mit einer heißen Umarmung in das Herz gießen.

––––––––

Sollt' ich Dir alle die Morgen und die Abende erzählen, die wir im reinsten Genusse mit einander durchlebt haben, alle die Scenen malen, in denen in reicher Mannigfaltigkeit ihr Geist sich dem meinen offenbarte, ich würde Dir ein Gemälde voll Glückseligkeit aufstellen, an dem Du Deine ganze Seele in heiliger Mitempfindung weiden würdest. — Oft drückte uns zwar Zeugen-Blick, und ich habe ihre Feinheit und Stärke in dieser Verstellung bewundert, aber dafür gönnte uns auch das Glück manche einsame Stunde, zu der öfters die Musik Anlaß gab. So hatten wir uns einmal auf ihrem Zimmer einen Abend ergötzt, Mutter und Oheim verließen uns und Firmona saß in süße Phantasieen versenkt. So habe ich sie nie spielen ge- hört, aus tiefen, melancholischen Sätzen hob sie sich allmälig empor. Aus den Saiten weiß sie einen beweglichen Ton der Klage so sanft herauszuziehen, daß der geheimste Schmerz sich von der Seele wie ablöst. Nach und nach wurden die Töne flüchtiger, leicht hingesungen, wie ein Lied aus freier Brust; und jetzt war es, als ob die Begeisterung der Freude über sie käme; unbe- weglich stand ihr feuriges Auge, in ihren Mienen schwebte ein höheres Entzücken, leise öffneten sich ihre Lippen, um die höhere Melodie, auf der ihre Seele sich wiegte, einzusaugen, und arbeitend hob sich ihre Brust mit den himmlischen Tönen auf und nieder. Jetzt hatte die Entzückung das höchste Ziel erreicht, ihre Hand ruhte auf einem Ton, auf den sie ihre entschwebte

Seele wieder zurückzurufen schien, und es war als ob sie aus einem paradiesischen Traum erwache. Länger hielt ich mich nicht: Unaufhaltsam stürzte ich vor ihr nieder und umwand mit beiden Armen fest ihren Leib. Sie sah lächelnd auf mich herab, mit einem Blick voll so unaussprechlicher Liebe, mit einem Blick, in welchem ihre Seele aus ihren Himmeln sich mild auf mich herniedersenkte. Ich faßte ihre Hand und barg mein Gesicht in ihren Schoß. Ich war von der Seeligkeit übermannt.

Aus der wonnigen Betäubung weckte mich ihr Kuß und süßes Wort. — O der Wonne, so geliebt zu sein! — Sie stand auf und wir traten, uns umschlingend ans Fenster. Der Abend war still: ein leises Flüstern wandelte in den Bäumen und die ewigen Sterne traten in reiner Klarheit hervor. In Ein Gefühl verloren, schwebten unsere Seelen empor. Ein unermeßlicher Raum von Wonne dehnte sich vor uns aus; wir schwammen darin umher wie junge Götter in ihren Schöpfungen; und unsere dürstenden Lippen begegneten sich, wie ein paar fliegende Blitze. Die Augen strahlten, wie junge Frühlings=sonnen. Die Herzen schlugen empor, um in einander über=zuwallen. — Wir wurden gestört; ich blieb noch wenige Minuten, und eilte wie ein Trunkener nach Hause.

Das erste volle Gefühl einer wahren Liebe ließ mir keinen Raum für irgend eine andere Betrachtung. So oft wir jetzt einen kostbaren Augenblick ohne Zeugen erstehlen konnten, — welch' ein Händedrücken, welch' ein rasches Begegnen der Küsse! welch' ein Hinsinken und Umschlingen!

Bei allen diesen einzigen Genüssen einer verstohlenen Liebe, die um so anlockender waren, da wir die himmlische Freude nur immer im Fluge der Lippen berühren konnten, übte die allgewaltige Herrlichkeit ihrer großen Seele eine solche Macht

über mich aus, daß oft in der höchsten Entzückung mich der
Gedanke, wie ein geharnischter Mann überfiel, im süßen Ver=
gessen einmal das Paradies dieses Engels zu verwüsten. —
Du wirst mich nicht unrecht deuten. Ich glaube nicht, daß
durch den höchsten lebendigen Genuß des Daseins ein solches
Meisterstück zerstört, oder dem Schöpfer mit frevelnder Hand in
seine Schöpfung gegriffen werde. Geist und Schönheit ist das
Höchste menschlicher Natur, und die höchste Vereinigung der schönste
Zweck. Die geschriebene Moral will es anders, und das ist
löblich und fein, und hält Ordnung in der bürgerlichen Welt.
Genug, Du weißt meinen Sinn darüber. — Aber eben weil
die Menschen von Jugend auf das so einsaugen und sie die
Natur an heilige Fesseln anzuschmieden gewohnt sind; so ist es
ein unendliches Wagestück, die Ketten zu sprengen. Die neue
Freiheit wird oft Gift, und sie rasen thöricht in ihre eigenen
Eingeweide. — Fiormona aber, flüsterte mir mein bestochener
Genius zu, Fiormona, die herrliche hat Kraft, den selten
betretenen Pfad der heiligen Natur zu gehn, ohne zu gleiten.
Laß dieses Feuer sich nicht selbst verzehren in öder Wüste.
Schände nicht den Schöpfer durch eine feindliche, gefühllose
Enthaltung, und verherrliche ihr Leben zur vollkommensten
Harmonie durch den vollkommensten Genuß. — Aber wollt' ich
diesen Eingebungen Gehör geben, so müßte ich alle Bande, mit
denen sie an die bürgerliche Gesellschaft geschmiedet ist, durch=
brechen, sobald unsere Liebe Frucht trüge. Und es wäre fast
unmöglich, sich durch alle die Labyrinthe zu ringen, die sie von
der Seite gefangen halten. —

Oft quälten mich diese Gedanken schrecklich. Liebe riß
mich zu ihr hin, und Liebe für sie fesselte mich zurück. Ent=
würfe fuhren wie Blitze durch meine Seele, und verschwanden

2

wie Blitze. Manchmal war mir's, als sollte ich auf die weisen Männer hören, die in ihrer Apathie schreien: Flieht! flieht! — Fliehe, wenn du Kraft hast, und dich mehr als siebenfache Fessel hält! — und sie dem Kummer dahingeben? Ihr schönes Leben an der Wurzel abschneiden? oder mit philosophischer Geduld gelassen zusehn, wie sie die herrliche Krone einem Insekt hingeben muß, in das ihre Kraft, welche Götter entzücken müßte, noch ein flüchtiges, nichtswerthes Leben haucht? Wickle sich aus diesem Labyrinth der Empfindungen, und diesem Streit der Vernunft mit Vernunft ein anderer Theseus! —

Dennoch — und ich sage es Dir, mein Bester, mit einer Art von Triumph und als Beweis der höchsten Liebe, — dennoch wurde in mir der Entschluß fester, lieber auf dem sicherem Wege der Entbehrung, als dem gefahrvollen des Genusses zu gehn. Ich sann nach, wie ich ihr diesen Kampf am leichtesten machen wollte, als sie selbst meine Zweifel entschied, und den ganzen Streit in mir, wie eine Gottheit endigte, vor deren Hauch sich Wind und Welle legt.

Mitten in den Entzückungen, welche die himmlische Liebe über uns herabgoß, mußten mich jene Gedanken, die mich sehr beschäftigten, wohl einige Mal überfallen haben, so daß es dem scharfen Auge ihrer Liebe nicht entgangen war. Einst lag ich — es war eine glühende Mittagsstunde, nur ein leiser Hauch trug den summenden Käfer im hohen Grase — in einer Grotte, von hohen Platanen beschirmt, an ihrer Seite, und weidete mich an dem Spiel ihrer seidenen Locken, die auf ihre Schulter und mein Gesicht herabringelten, und in denen sich meine Seele verwirrte. Sie lächelte über mein Spiel; und da ich ihre Haare ein unzerreißbares Netz für alle Herzen nannte, fing sie an, mich zu schelten und fügte hinzu: als Netz halte sie es nicht hoch; aber als Sehne zu einem Bogen für die treulosen Schmeichler! — Ich blickte zu ihr auf und sah, daß sich mit dem lächelnden Scherz ihres Mundes doch ein bedeutender Ernst gemischt hatte. Sie sollte sich darüber verantworten, und nachdem sie sich mit dem feinsten Scherz hin und her gewunden hatte, schwieg sie eine Zeitlang, und ihr Blick ruhte denkend auf mir. Dann fuhr sie mir sanft mit der Hand über die Stirn und — Warum — fragte sie — schweben hier zuweilen trübe Gedanken, die sich immer fester zu setzen scheinen? Woher, mein Theurer, jetzt diese innere Unruhe, die Du mir nur schlecht verhelen kannst, jetzt da Deine Seele ein heiterer Himmel sein sollte? Ich hab' es oft gefühlt, wie sich Deine Lippe von dem halben Kuß wegwandte, wie zurückgescheucht; wie Du Dein glühendes Gesicht an meinen Busen drücktest, und schnell empor fuhrst, als hättest Du in den Armen einer verderbenden Empuse gelegen. — Wie soll ich diese Zuckungen Deiner Seele deuten? Ich glaube es zu ahnen, was Dich drückt — aber — warum verbirgst Du meinem Herzen Dein Herz? —

Denke Dir, wie mir das alles durch die Seele ging, und mich der zärtliche Vorwurf vor ihr niederwarf! Thränen stürzten aus meinen Augen, und ich barg mein Gesicht in ihren Schooß. — Und wie sie mir darauf so liebevoll Ruhe einsprach, wie sie selbst so ruhig mich anhörte, als ich ihr mein ganzes Herz ausgoß! Dann und wann verzog sich ihr Mund zu einem himmlischen Lächeln, hold beugte sie sich herab, mir den Schmerz von den Lippen wegzuküssen, und ihr Antlitz verklärte sich mit überirdischem Schimmer.

Ich habe richtig geahnet, fing sie an, und ich freue mich, daß mich mein und Dein Herz nicht betrog. Du bist mir dadurch sehr theuer geworden. Wer mit diesen Grundsätzen so viel Discretion und Achtung gegen allgemeine Meinungen, die nicht die unsrigen sind, zeigen kann, bei so viel Feuer eine solche Enthaltsamkeit übt, — um wahrer Liebe willen — der verdient — nicht wahr, mein Lieber? — daß ihn die höchste Liebe kröne. — Welch' ein Himmel öffnete sich mir in dem fragenden Blicke! — Aber fuhr sie fort, es bedarf einer längeren Erklärung, als ich Dir hier ungestört geben könnte. Hier ist der Schlüssel zur hintern Gartenthür. Heute um Mitternacht erwarte ich Dich wieder hier. Bringe verschlossene Sinnen und ein unbestochenes Urtheil mit. Ich setze Dich zu meinem Richter. —

Ein schleichender Tag für meine gespannte Seele, bis die heißersehnte Nacht kam. Ein sanftes Dämmerlicht brach durch die Rosengebüsche in die Grotte, in den Cypressen umher sangen die Nachtigallen, und die Glühwürmer flogen vor dem Eingange, wie Sterne, vorüber. Um Mitternacht kam Fiormona. — Könnt' ich Dir den Abdruck ihres Geistes so zuschicken, wie er in meiner Seele liegt, die todten Worte würden vor Deinem Geiste herrlich lebendig werden! Wie die Gedanken in ihr aufblühten, wie immer heiterere Gestirne! wie Red' und Wort, so wie Farbe und Duft über eine Blume, über den holden Sinn sich ausgoß! ihr sonniger Blick der Dämmerung Licht, der Nacht Leben gab! der warme Athem ihres Mundes mich liebehauchend anwehte und ihr reges Leben das meine allgewaltig, wie ein Strom, hinüberzog! — Ich muß Dir die Buchstaben hinschreiben, Du wirst den herrlichen Sinn herausempfinden.

Es ist nun eine geraume Zeit, mein Lieber, fing sie gelassen an, wie wohl es mir nur wenige Minuten scheinen, — daß ich in Deiner Seele gelesen, und Dich mit brüderlicher Empfindung gegrüßt habe. Unsere Geister haben sich einander oft offenbart, es hat Scenen gegeben, in denen meine ganze

Seele wie ein ruhiger See ausgebreitet vor Dir da lag; —
wir wollen uns ganz kennen lernen, Eduard, Du weißt einen
Theil meiner Erziehungsgeschichte — aber mein Inneres bil-
dete ich mir selbst, meine Moral lernte ich von der Natur.
Wenn mein Geschlecht nicht den Grad von Kraft und die Bestimmung haben soll, als das Deine, so hat es doch eben den
Anspruch an Freiheit und Genuß. Mein Herz hängt so fest
an der Natur, ist so innig von dem größten Wesen durchdrungen, daß ich mich frei von allem Vorwurf fühle, wenn ich den
großen Gesetzen, die in mein Herz geschrieben sind, und vor
meinen Augen aufgeschlagen daliegen, folge. Ich mag nicht
wissen, ob nur die Menschen und unsere bürgerliche Ordnung
die meisten so blind gemacht haben, daß sie nicht sehen, was
glücklich macht, was Zweck und Wesen des Daseins ist; aber
das werde ich gegen alle Philosophen der Welt behaupten, daß
für den, welcher der Natur folgt und Kraft im Busen hat, die
menschlich geschnitzten Zügel abzuschütteln und seinen Weg zu
gehen, allein und in eigner Herrlichkeit, keine Feder eine Moral
geschrieben, und kein menschenscheuer Doctor ein Leitband geknüpft hat. — Heiliges Wesen, fuhr sie in Bewegung fort,
wenn Dich die Freiheit meines Geistes lästern könnte, so wärest
Du selbst nicht der Born der ewigen Freiheit, auf dessen Wellen
in verherrlichender Mannigfaltigkeit die freien Geister sich er-
götzen, und vor Deinem Wesen doch in einer Harmonie wallen.
Ich verdamme ja keinen, der meinen Weg nicht geht, und lieber
nach einer Krücke greift, oder zu träg ist, die angebundene weg-
zuwerfen; aber es spreche auch kein Richter über mich ein hartes
Urtheil, weil ich einmal allein zu gehen versuche. Mannigfaltige Uebung der Kraft ist das Leben in der Natur; es geht

keine verloren, und wo sie den Zweck nicht erreicht, da ist ja
die Uebung selbst schon Zweck. —

Unsere Jugend, fuhr sie fort, und schaute mit ernsterem
Blick zu dem Gewölk auf, das durch die bewegten Wipfel vor=
überflog, unsere Jugend ist pfeilschnell dahin. Ach! ein langes
Leben im öden Kerker erwartet uns, wo nur freundliche Träume
die Wände bemalen, aber kein Strahl himmlischen Lebens hinein=
strömt. Auch mich wird bald dieses lebendige Grab umfangen.
Mein Stand und mein Geld würfelt mich einem fremden Manne
aus, unter dessen kalter Hand vielleicht mein warmes Herz
starrt, dieses feine Gewebe der Empfindung durch den plumpen
Griff zerreißt, und — o gütige Gottheit! wieder einer Deiner
Lebensbäche schändlich versiegt. Ich sage: vielleicht! Aber
wenn dieses vielleicht nur nicht so wahrscheinlich Gewißheit
würde! Und gesetzt mein Loos ist nicht sogar elend — ist denn
der Sclave glücklich, der nicht auf die Galeere geschmiedet ist,
aber doch an einer Kette, und sei es auch eine goldene, um
seinen Herrn sich herumbewegt, während er Kraft fühlt, ein
Cäsar zu sein, und am Tische der Götter zu sitzen? O, mein
Freund — es klingt sonderbar, aber es ist so ungereimt nicht;
wer das höchste Glück, zu dem er sich geboren fühlt, in seinem
Leben nicht wenigstens einmal errungt, für den giebt es weiter
keine Unterschiede des Glücks; wo die Sonne nicht ist, herrscht
überall gleiche Nacht. —

Eine große Thräne trat in ihr Auge, und ich sah den
gewaltigen Kampf der Empfindung, ehe sie fortfuhr.

Wer hätte es geglaubt, sprach sie endlich himmlisch lächelnd,
daß meinen vergebens offenen Armen der rauhe Norden einen
seiner Söhne schicken würde, um den seltenen Triumph einer

wahren Vereinigung zu feiern! — Liebling meiner Seele, könnte
ich Dich ewig in meinen Armen halten! — Weg mit dem un-
möglichen Gedanken! Alles Schöne und Herrliche unter der
Sonne schwindet und stirbt; nur der Genuß der Gegenwart
giebt ihm den Werth der Ewigkeit. Und diesen Werth laß
uns erhaschen, weiser Günstling des Glücks. Die Hoffnung
bricht über uns den Stab entzwei, wenn wir auf ewige Verbindung rechnen, und die Freude flieht zürnend, wenn wir sie
nicht sogleich auf den Göttermund küssen. Ohne Umstürzung
der bürgerlichen Ordnung, ohne Zerstörung des Glücks und
Friedens einer in sich beschränkten, aber unzufriedenen Familie,
dürfen wir nicht an eine sogenannte gesetzmäßige Vereinigung
denken. Nur unter einer andern Zone kann die Flüchtlinge das
Band der Ehe vereinen. Hier ist es unmöglich. Schon der
Versuch ist tödtlich gefährlich. Ueber der Pflicht, rechtmäßig
zu genießen, könnte man uns rechtmäßig verhungern lassen. —
Und was ist denn rechtmäßig? — Doch, darüber sind wir ja
längst einverstanden.

Wohin das alles nun führen soll, mein Lieber? Siehst
Du das Morgenroth meiner Wünsche nicht auf meinen Lippen
und Wangen aufblühn? weht Dich das kühne Feuer der Liebe
aus meinen Augen nicht an? — Aber ich möchte Dich nicht
gern überreden. Die Liebe muß mit ihrem Schüler philosophiren,
ehe sie in der Grotte Asträens ihren Liebling in ihren Armen wiegt.

Ich würde mir es nie vergeben können, wenn ich Thörin
genug wäre, den vollen Becher des unsterblichen Weines von
mir zu stoßen, weil ich ihn einmal von den Lippen absetzen
muß, und von der Frucht der Hesperiden nicht im Morgenroth
zu naschen, weil am Mittag und Abend mir ihre Gärten verschlossen sind.

Fürchte also nicht, daß der gegenwärtige Genuß mir die Zukunft, wo ich ihn entbehren muß, traurig und unerträglich machen werde. Hab' ich doch einmal das wahre Leben genossen! hab' ich ihn doch einmal gehabt, den Mann, bei dem mein ganzes Wesen zu seiner höchsten Vollkommenheit im Gefühl und der Aeußerung aller Kräfte erhoben ward! Diese schöne Zeit wird dahingehen, und ich trete in den beschränkten Kreis bürgerlicher Pflichten zurück. — Wie wird der Schneckengang nach den Adlerflügen gefallen? — Aber ich werde meine Pflicht, als Gattin und Mutter erfüllen; und wenn Du je hörst oder siehst, daß ich eine derselben verletzte, daß ich den Mann, den mir die Convenienz giebt, weniger glücklich mache, weil ich selbst in den Arm eines andern einst glücklicher war, wenn Du selbst es je über mich erhältst, die treue Gattin auch nur wankend zu machen; so verachte mich, wie ein gedungenes Mädchen, schilt meine Liebe eine Buhldirne, und meine Philosophie eine bestochene Dienerin meiner Leidenschaft.

So weit wären wir fertig, wenn Du mich verstanden hast. Liebling meiner Seele, und ich hoffe, daß Du mich nicht mißverstehst. Aber es bleibt nun noch eins übrig. Wenn auch meine Glückseligkeit dabei gewinnt, wird sie Hand in Hand mit Deiner gehn? Ihr Männer ergreift heftiger, euer Herrschersinn beugt sich starrer unter der Nothwendigkeit, was ihr einmal besessen habt, darauf glaubt ihr ein ewiges Recht zu besitzen. Wo es euch nur den Umsturz der Ordnung, nur die Zerstörung der Ruhe etlicher Menschen kostet, fragt ihr nicht nach der Bändigung eurer Begierden. — Und gesetzt, dies wäre Dein Fall nicht, und Du lerntest zeitig resigniren, wie sieht es mit diesem gefühlvollen Herzen aus? Drückte ich nicht eine Rose hinein, an deren Dornen es verblutet, wenn Du sie

wieder herausziehn willst? erkaufst Du nicht das Götterglück
weniger Stunden mit der Verzweiflung langer Jahre, und dem
Schmerz einer nie wieder befriedigten Sehnsucht? Du würdest
vielleicht, wenn Du in Dein Vaterland zurückkehrst, in den
Armen einer edlen Gattin, und im Schooße des stillen häuslichen Glückes die ruhige Seligkeit finden, die für den beschränkten
Menschen auf dieser beschränkten Erde auch Bestimmung zu
sein scheint; aber dann würde Dich vielleicht die Phantasie, die
das vergangene Glück mit Aetherglanz und überirdischer Glorie
schmückt, von jedem gegenwärtigen Genuß hinweggeißeln, und
immer die Arme dem Wolkenbilde reichend, würdest Du die
duftigen Blumen vor deinen Füßen zertreten. Von den Küssen
einer holden Gattin würde Dich mein Blick wegscheuchen, und
der Frieden des schuldlosen Geschöpfes wäre zerrissen, unverdient
und schändlich, weil sie es wagte, einen Mann zu lieben, in
dessen Herzen mit eigensinniger Gewalt eine andere herrscht. Wär'
er auch edel und stark genug, ihr nicht durch Mursinn und
Unfreundlichkeit alle süßen Freuden zu vergiften; könnt' er auch
mit dem, was von seinem reichen Herzen eine andere übrig
ließ, noch hundert Seelen vergnügen, — würde er dann auch
stark genug sein, im Gefühl einer ewigen Entbehrung, im be-
ständigen Jagen nach einem Schattenbilde, alle Pflichten, als
Vater und Mensch mit freudiger Heiterkeit, und mit leichtem,
ungezwungenem Sinn zu erfüllen? — Ich sehe an den Gedanken, die sich auf Deiner ernsteren Stirn sammeln, daß ich
nichts weiter hinzusetzen darf. Du liebst die Freude wie ich;
aber sie muß das Erbtheil des Weisen, auch in der Erinnerung
ruhige Freude bleiben und nie den Stachel der Reue zurücklassen.

Ich überlasse jetzt Deiner Vernunft die Wahl, mein bester
Freund, Deiner Vernunft in einer leidenschaftlichen Sache

des Herzens. Du wirst es nur redlich mit mir meinen,
wenn Du es redlich mit Dir selbst meinst. Ich muß mich vor
jedem Vorwurf schützen, von mir hast Du keinen zu fürchten,
Dein Entschluß falle aus wie er wolle. Sichere dich nur vor
denen, die Du Dir selbst machen könntest. — Hast Du aber
Muth, fühlst Du Kraft genug, zu genießen und zu entbehren,
so — hier ist meine Hand — bin ich ganz Dein. Ueber
den vierten Tag sehe ich Dich wieder, eher nicht. Wenn Dich
auch diese Arme nie umfangen, so werd' ich Dich doch lieben,
und auch nach Deiner freiwilligen Entsagung Dich stets ehren. —

Hier raffte sie sich auf, und als wollte sie mich auch mit
keinem Blicke bestechen, eilte sie davon. Unbeweglich saß ich und
ließ sie dahin wallen, wie eine Göttererscheinung aus dem Olymp;
die armen Sterblichen bleiben staunend zurück und ihre Seele
zittert noch vor den schon Entschwundenen.

Falle mit mir nieder, Bruder meines Herzens, vor der
Hehren und ihren Orakeln in der geheimen Grotte. Lösen sich
nicht Deine Nerven in Dir, wie Deine Begriffe vor der nie
erhörten Stimme der Wahrheit, unter welcher Wahn und Vor=
urtheil wie nichtiger Staub dahin wallt, und vor dem Sire=
nengelispel dieser Tochter der Freude und des zauberischen Ge=
nusses? — Was oft nur in kühnen Träumen, wie Gebilde aus
einer fremden Welt, vor uns vorüberschwebte, stand jetzt in
enthüllter Klarheit und Wirklichkeit vor meinen fast geblendeten
Augen. — Wen solche Seelengröße nicht ergreift, dem ist
jede gefühlige Nerve durchschnitten; und wer das belachen oder
beschimpfen kann, der gehört in Circens Stall oder in ein
(t . . gisches) Tollhaus.

———————

Neapel, den 28. Februar 1806.

Ich mußte meinen letzten Brief unvollendet abschicken. Er wird Dir inzwischen genug Beschäftigung gegeben haben. Mache Dir davon einen Begriff, wie ich die vier Tage zugebracht habe. Die ganze Seele voll von der Herrlichen war ich wahrlich wenig geschickt, darüber zu philosophiren, ob ich ihr entsagen solle; und doch lagen mir die ernsten Worte ihres Gebots tief im Sinn. Daß ich sie, die mir die Arme öffnete, nicht von mir stoßen wolle, darüber war die Frage, so wenig, als ob ich Lust habe, mein Wesen zu zerstören; aber ich fühlte wohl, daß ich meinen Geist noch höher heben müsse, um ihr nachzu= fliegen, und daß meine Seele ihre stärksten Schwingen entfalten müsse, um in den Regionen dieses höheren Aethers mit ihr zu schweben, ohne in den Abgrund, der unter uns g ä h n t e, zu stürzen.

Einsam überließ ich mich in ungestörter Betrachtung den Gegenden, wo mich kein Getümmel aus mir herausriß. An den rauheren Abhängen des Vesuvs, und seinen abgebrochenen Lavaklippen, und auf dem M. Somma kletterte ich umher, und füllte meine Seele mit der ganzen Erhabenheit der ewig großen Natur. Die unendlichen Massen, die vor mir lagen, dies zer= störende Verderben jetzt in ruhiger Herrlichkeit und das Chaos, mit dem Ganzen in schöner Harmonie, und die großen Geister der Vorwelt, die mich umschwebten, — unter mir das immer brausende lebendige Meer — über mir der heitere Himmel, und wie Sonne und Sterne in den Wogen auf und nieder= gingen. — Alles das scheuchte jedes Kleinliche aus meiner Seele hinweg, und die Gedanken an den ewigen Wechsel, an die Herr=

lichkeit, die nur einen Augenblick dauert, und an die immer treibende Wandlung der Natur stählte meinen Geist zum Genuß ohne Klage, zur Wonne ohne Thränen, wenn sie nun dahin= flieht, und im Busen die unsterbliche Sehnsucht zurückläßt. — Ja! rief ich aus: ich will den Augenblick haschen, und meinen Dank entweihe keine Klage; ich will aus dem Quell schöpfen! sollt' ich dürstend zögern, weil seine Flut sich ins Meer rollt?

Ein andermal irrte ich an den Hügeln des freundlichen Pausilipps hin, unter den blühenden Mandel= und Palm= bäumen. Welch' ein Gedüft! welche milde Luft! Feigen und blühender Rosmarin, Citronen= und Pommeranzenbäume, und darunter die große Agave aus der neuen Welt, und der Flor von Duft, der fast sichtbar darauf schwebt, geben diesem Gebirge das Ansehen eines Göttergartens. Dem Fuß des Wandelnden schwillt die Erdbeere entgegen, und über ihn beugen sich die saftigsten Limonen nieder. Welch' ein ewig blühendes Enna, während bei euch erstarrender Frost und Reif und Schnee herrscht, und todtes Eis die nackte Flur deckt! O könnt' ich Dich in diesem Paradiese umherleiten.

Das allgemeine Leben, welches hier vom Halm bis zum Käfer, und vom gaukelnden Mückentanz bis zu den Chören der neubekränzten Mädchen überall wirkt und jubelt, ladet jede Menschenseele ein, wie die bunten Schmetterlinge in dem Wollust= meere sich umherwiegen zu lassen, unbekümmert beim Niedergang der Sonne, was der Morgen bringen werde, Freude nehmend und gebend, wie Liebende die Küsse, nichts ahnend, nichts fürchtend, fern von Wunsch und Hoffnung, wie die Unsterblichen, nur in dem Augenblick schwimmend, und dem Nächsten entgegen= lächelnd, er führe zu neuer Wonne, oder ins Thal der Schatten.

Die ernste Philosophie wird hier zum schönen Dichterbilde, die strenge Weisheit schleicht hinter Rosengebüsche, wirft Mantel und Schellenkappe ab, und läßt sich von den Grazien umgürtet führen. — O da ist Leben und Genuß, Jugend und Liebe!

Die Hand auf's Herz, mein Lieber! wie weit kommen wir in unserm Leben mit der finstern Moral, die uns von der Kinderstube an gepredigt wird? Ist nicht des Elendes, oder ich will — um die Erde nicht als ein Jammerthal zu ver= schreien — lieber sagen, der ungenossenen Zeit in unserem Leben so viel, daß die Summe der Glückseligkeit am Ende dieser Raupenumhüllung noch nicht im Stande ist, uns für die Mühe unseres Daseins zu entschädigen? — Wer mag es dem Menschen von heiterem Geist und heller Empfindung zumal unter diesem glücklichen Himmel verargen, wenn er in seinem fröhlichen Sinn die stiefmütterliche Moral in den Armen der lachenden Freude vergißt? Aber darüber war's auch nicht, worüber ich nachzudenken hatte. Fiormona's Flug ging höher, und so entzückt ich auch mit ihr aufschwebte, so ward mir doch etwas bange wegen des Ausgangs, und wie es mit dem künftigen freiwilligen Entsagen nach der Fülle solchen Genusses stehn werde. Für meine Lehrerin war mir nicht bange, ihr hoher Geist und fester Sinn verbürgte mir ihre Standhaftigkeit; wer solche Ideen so aus sich selbst gesponnen, ist gewiß im Stande, sie auszuführen. Was soll ich Dir weiter sagen, mein Theurer? Der Reiz einer solchen Verbindung, vielleicht die einzige in ihrer Art, die Allgewalt, die Fiormona's Seele über mich übte, die magnetische Kraft, die mich zu ihr hinzog, die enthusiastische Liebe für das Große und Außerordentliche, mit der sie meine leicht entzündbare Seele angesteckt hatte, ihr System selbst, das

sich auf Freiheit und die Trümmer einer mir verhaßten Unter-
drückung des Weibes gründete; endlich der Reiz, dies Abend-
teuer glücklich zu bestehn, und — wie das noch immer der Fall
war — und hier gewisser, als je, sein mußte, — reicher an
allem Edlen und Schönen zurückzukehren; und weiß der Himmel,
was sonst noch — kurz, meine ganze Seele stimmte sich stünd-
lich reiner, der hohen Accorde dieser außerordentlichen Liebe
empfänglich zu sein.

Kann der Mensch den dringenden Umständen widerstehn?
Unwissend tappt er im Finstern fort, und das Schicksal leitet ihn
am unzerreißbaren Faden. — Ich wage den ersten Schritt,
wie wird der Ausgang des Pfades sein? — Und wär' er
Nacht und Abgrund — der Tartarus ist nicht schrecklich, wenn
der Weg dahin durch solche Paradiesgefilde geht!

Mit dem zitternden Entzücken eines Gerechten, der im
heiligen Tempel einer Göttererscheinung wartet, lauschte ich in
der Grotte auf jedes rauschende Blatt, und hielt mich kaum,
als ich im Sternenschein ihr Gewand herflattern sah.

So sehn wir uns wieder! sprach sie und vermochte nicht
mehr. So sehn wir uns wieder! rief ich und stürzte in über-
strömender Empfindung in ihre Arme. — Aber kein Wort mehr
von der Scene. Die Erinnerung an den Abend erstickt alle
Sprache. Mir ist, wie einem Blinden sein muß, der mit dem
erst geöffneten Auge in das weite unendliche Meer hinaus blickt.
Er sinkt nieder in Anbetung; aber sein Gebet hat keine Töne,
sein Dank keine Worte.

Bei diesem Wonneleben, bei diesen Stunden, die sich im
ewigen Tanz der Freude um mich herumschwingen, denke ich
doch mit Sehnsucht Dein, Du erster Freund meines Herzens.

Wenn ich manchmal an ihrer liebewallenden Brust ruhe, ihre Hand in die meine verschränkt, wie meine Empfindung in die ihre; — auch dann fliegt ein Gedanke in mein Vaterland hinüber, und der Genius der Freundschaft säuselt über den Myrthen der Liebe. Dann fang ich oft an, von Dir zu sprechen, und es durchbebt mich ein leises Entzücken, wenn ich von Fiormona's Lippen Deinen Namen tönen höre. Franz, ich bin Dir viel schuldig! Könntest Du Deinen Dank aus Fiormona's Auge lesen, als ich ihr erzählte, wie Du mir einst das Leben rettetest! Ich bin Dir viel schuldig! Aber der Gedanke in Fiormona's Armen an Dich, die Sehnsucht an Fiormona's Brust nach Dir — Franz! — die Freundschaft hat alles bezahlt!

Ich erwarte mit Sehnsucht Briefe von Dir. Was macht meine gute Schwester? Der Gedanke an sie geht wie ein trüber Schatten über den heiteren Spiegel meiner Seele. Schreibe mir ja bald. Mein Herz hat, so wohl es sich auch mit seiner heimlichen Liebe fühlt, doch Erguß gegen Dich nöthig. Du sollst alles erfahren, und so viel es möglich ist, mit mir die Göttertage in Neapel verleben. Es ist ein süßes Geschäft, die Erinnerungen niederzuschreiben, und die Freude, die einem lustig um's Haupt schwebt, noch einmal in eine holde Gestalt zu fassen. Wenn ich mich auch nur Augenblicke niedersetze, so sind es doch immer ein paar Zeilen, Zeugen meiner Glückseligkeit, die ich Dir vielleicht täglich schreibe. Nenn' es immerhin ein Bündel Rhapsodien, das Du erst nach Wochen erhältst; es ist Abdruck meiner Empfindung, und Dir gewiß werther, als alles, was ich Dir von hier lang und breit und gelehrt erzählen könnte. Lies das, wenn Du willst, in unsern Antiquaren und Reisebeschreibungen. Ich bin jetzt ein schlechter Erzähler und unsicherer

Beobachter. Wie lange ich in diesen seligen Fluren wohnen werde, wo ich dann hinzuziehn gedenke, meine Plane für die Zukunft? — Lieber Freund! Der Mensch kennt das Schicksal der nächsten Stunde nicht. Ich habe am Morgen keinen Wunsch, als den Abend und am Abend keinen, als den nächsten Morgen. Ich lebe wie die Götter im Homer, fern vom Vergangnen, und fern vom Künftigen. Und ist das nicht das Klügste? — Adieu.

Neapel, den 4. März 1788.

Wie ich in dieser schönen Gegend täglich und unter verschiedener Beleuchtung neue Herrlichkeiten entdecke, so enthüllt sich mir Fiormona's schöne Seele täglich von allen Seiten herrlicher.

Wir machten heute einen Spaziergang von der Chiaja rechter Hand nach dem Pausilipp hin. Ich kann nicht oft genug meine Augen an diesem prächtigen Amphitheater weiden. Links das blühende Portici in seinem Brautschmuck, das hohe Sorrent und das umwaldete alte Salern; rechts, bei der Scuola di Virgilio vorbei, bis an's Misenische Vorgebirge; und mitten inne das lebenrauschende Meer, wie es die herrlichen Inseln, Procita, Capri und Ischia umflutend in seinen Armen hält. Wahrlich, man kann Geist und Sinn an der großen Schönheit nimmer sättigen!

Auf dem Rückwege lenkte Firmona, welche Durst vorgab, den Weg nach dem Ufer ein, und wandte ihre Schritte auf eine Fischerhütte zu. Die übrige Gesellschaft blieb oben am Wege sitzen. Hier, sagte sie, mein Lieber, können wir vielleicht ein paar recht fröhliche Menschen machen, und eine helle Freude glänzte in ihrem Gesichte. Zwei Hütten lehnten sich dicht an einander; vor der einen war ein grüner Platz mit Pignen, vor der andern schattete ein Ahorn, und ringsum zogen sich wilde Rosen. Eine alte Mutter saß in einem kleinen Handwagen, und neben ihr im Grase ein schönes blühendes Mädchen mit weiblicher Arbeit beschäftigt. Hinten im Hofe — man sah durch das offene Haus — hämmerte ein alter Fischer an einem Nachen.

3

Sobald wir uns näherten, stand das Mädchen auf, und kam uns entgegen. Ich erkannte sie sogleich. Seit mehreren Wochen war sie alle Morgen sehr früh in mein Quartier gekommen und hatte frische Früchte verkauft. Neulich sagte mir mein Wirth, daß sie seit drei Monaten immer gegen Mitternacht käme, und trockne Kräuter, mit denen er einen starken Handel treibt, bei ihm auslese. Es ist, setzte er hinzu, ein braves arbeitsames Mädchen, die ihren Vater, und wie die Leute sagen, auch eine alte Frau ernähren hilft. — Ich hatte das neulich Fiormona beiläufig erzählt, da ich ihr das schöne Obst zu meinem Frühstück rühmte. Mir war das aus dem Sinn gekommen.

Laß dich nicht stören in deiner Arbeit, sprach Fiormona ihr freundlich zu, wir sind ermüdet und durstig, könntest du uns nicht eine Hand voll Erdbeeren, oder sonst etwas Obst schaffen? — Von Herzen gern, antwortete sie, so viel wir vorräthig haben. Und damit leerte sie den kleinen Korb aus, steckte der Mutter etwas heimlich zu, flüsterte ihr ein paar Worte ins Ohr und sprang davon.

Ist das eure Tochter, gute Frau? fragte Fiormona.

Meine Tochter nicht, erwiederte die Alte; aber so gut und besser, als wäre sie es. Wenn Sie wüßten, was dies Mädchen an mir armen kranken Frau thut! Ich kann's ihr nimmermehr vergelten, aber Der im Himmel und die heilige Jungfrau wird's ihr nicht unbelohnt lassen. — Und dabei rannen der guten Alten die hellen Thränen über die eingefallenen Backen.

Es ist nun über zwei Jahr, fuhr sie fort, daß mich der Schlag rührte und ich keinen Fuß bewegen kann. Wie sie da Tag und Nacht nicht von mir wich, nicht eher ruhte, bis sie einen gutherzigen Arzt fand, der mir auf ihre Bitten Arznei gab; wie sie nachher, da das alles nichts helfen wollte, mir schwur, mich nie zu verlassen in meiner Hülflosigkeit. Es ist mir noch als wär's heute; es war ein warmer Mittag und sie hatte mich herausgetragen in die Sonne. Dort kniete sie vor mir, und wie mir wieder so wohl ward in der freien Gottesluft, und ich vor Freuden weinte, da gelobte sie heilig, mich zu schützen und zu pflegen bis an mein Ende. Das hat sie nun so treulich gehalten. Des Tages ist sie bei mir, fährt mich hier heraus und scherzt und singt mir die Zeit weg; und wenn mir nur der liebe Gott die Freude läßt, die Kinder glücklich zu sehn. —

Hier kam das Mädchen wieder, und bot uns mit einer Freundlichkeit, die der beste Commentar über die Geschichte war, ihr Körbchen. So gut ich sie habe, für den ersten Durst ist's doch, und reif sind sie, und hübsch rein. Ich fühlte in dem Augenblick, was das Engelsgeschöpf der Alten sein muß. — Gehört die Gesellschaft nicht zu Ihnen, fragte sie, die dort oben am Wege sitzt? So will ich gleich laufen, und dort auch ein Körbchen hinbringen. Und kaum unsere Antwort erwartend, eilte sie wieder fort. —

Ich sagte einige Worte zu Fiormona über die grazien= volle Leichtigkeit ihrer Bewegung, und den Ausdruck des natür= lichen Wohlwollens im Gesicht, da fing die Alte wieder an: Heute hat sie eine große Freude vor; ich soll's zwar nicht verrathen, aber Ihnen kann ich's wohl sagen: sie hat meinem Sohn zum Geburtstage eine Festweste gekauft und genäht. Sehen Sie hier! — Es war eine simple, aber recht artige Arbeit. — Pietro wird sich recht freuen. Die Kinder haben sich aber auch lieb, wie die Engel im Himmel.

So wird sie wohl eure Schwiegertochter? fragte ich.

Ach seufzte sie, wenn mich der Himmel die Freude erleben ließe! Aber meine kleine Hütte ist sehr verschuldet. Pietro arbeitet brav; aber dazu gehört mancher Fang. Wenn ich's bedenke, wie das gute Mädchen sich abarbeitet, immer froh, nimmer mürrisch. Sie hatte schon ein hübsches Geld zusammen, da warf aber neulich der Sturm ihren Vater an einen Felsen, daß der halbe Kahn in Trümmern sprang, und da ist nun freilich wieder ein gut Theil drauf gegangen. Einen Kahn muß er doch wieder haben, und Marie sagt immer: dankt nur Gott, daß wir den Vater behalten haben! — Wie sie's jetzt anfängt, soviel zu verdienen, begreife ich mit meinen Sinnen noch nicht. Jetzt kam der alte Fischer heraus. Ich ließ mich mit ihm ins Gespräch ein, und auch er kam gar bald auf seine Tochter, und lobte mir ihre kindliche Treue, ihre Arbeitsamkeit und Frömmigkeit, und die Freude glänzte ihm hell aus dem Gesichte. Fiormona sprach mit der Alten, besah die Arbeit nochmals, und wickelte sie wieder zusammen. Marie kam zurück, eilend und fast außer Athem, holte das kleine Packet von der Alten, und dann schnell nach der Stadt zu. — Wir sahen da einen jungen Burschen herkommen, und die Alte sagte uns, daß es ihr Sohn sei. — Bald sahen wir die auch Hand in Hand einhergehen; jetzt standen sie wieder still, und der junge Mensch, der in der Freude vergessen hatte, sein Geschenk zu besehn, wickelte es jetzt von einander. Das Mädchen that einen lauten Schrei, und kam auf uns zugelaufen, einen Geldbeutel in hoher Hand. Seht Mutter, rief sie, was ich gefunden habe! Die Alte meinte, die Dame habe ihre Arbeit besehen, und werde ihn wohl aus Versehn hineingewickelt haben. Sogleich wollte sie ihn Fior-

monen zurück geben. Aber diese umarmte das liebe Mädchen
mit schwesterlicher Zärtlichkeit. Gutes Kind, sprach sie, du
sollst deinem Schlafe nichts mehr abbrechen, um heimlich für
dich und die deinen zu arbeiten. Laß Deinen Vater sich
einen neuen Kahn bauen, bezahle die Schulden der alten Mutter
hier, und wenn Du willst, so mache ich, so bald ihr eingerichtet
seid, eure Hochzeit.

Du hättest sehen sollen, wie das Mädchen über und über
erröthend vor Freude und Liebe dastand; wie an der Alten
alles Leben ward, und sie ihre Hände nach Fiormonen ausstreckte,
wie der Vater andächtig die Mütze abzog, und sie zwischen die
Hände faltete, mit einem Blick gen Himmel, als spräche ein
Engel zu ihm, und Pietro starr vor Freude mit großem Auge
und einer Thräne darin ins Meer hinaussah; nun das Mädchen
zur alten Mutter hinlief, und sie herzte und küßte in stummer
Entzückung, und die Alte ihre Arme fest um sie klammerte;
wie sie nun auch den Alten beim Kopf nahm, und ihn vor
Freude auf Stirn und Wange und Mund küßte, und dann in
einem Freudensprunge an Pietro's Halse hing. — Und zwischen
diesen Triumphen Fiormonen versunken in das lebendigste Mit=
gefühl, ihre Seele weidend an dem innigen wahren Ausdruck
der Freude. — Und wie sie meine Hand ergriff und voll Em=
pfindung drückte — ich habe mich nie reicher gefühlt, als in
dem Augenblick, und nie ärmer!

Freundlich entzog sie sich dem Dank der guten Leute, und
ich kann Dir nicht sagen, wie mir ward, als das holde Mädchen
zu mir kam und meinte, das Glück werd' ich ihr wohl gemacht
haben, da ich sie kenne, und ihr immer so fleißig abkaufe. Das
ging mir tief zu Herzen, und ich konnte es nicht dulden, daß

sie mich mit meiner Fiormona Verdienst groß machen wollte. Nein, sagte ich ihr, mein gutes Kind, ich habe nichts, so gar nichts gethan, du dankst Alles meiner Freundin.

Auf dem Heimwege erzählte sie mir, wie ihr das, was ich wie verloren von dem Mädchen gesagt habe, aufgefallen sei, wie sie sich erkundigt, und die Geschichte ihres arbeitsamen Lebens erfahren habe. Sie hatte nämlich, da sie immer früh Obst zur Stadt trug, sich gegen Mitternacht schon aus der Hütte geschlichen, und da sie niemand gewahr wurde, heimlich in der Stadt gearbeitet, um die Familie besser zu erhalten, und dem Ziel ihrer Wünsche näher zu kommen. — So ein Mädchen verdient Unterstützung, fügte sie hinzu. Das sind die Augenblicke, in denen ich mich mit dem Reichthume aussöhne. — Nun wollen wir je eher je lieber den jungen Leutchen die Hochzeit ausrichten, das soll ein fröhlicher Tag werden. Und wer weiß, sagte sie lächelnd, ob der Engel der Liebe, den wir bewirthen, nicht auch uns ein Geschenk macht. — —

Fiormona ist auf etliche Tage verreist. Ich fühle, wie unent-
behrlich sie mir geworden ist. Es gehn jetzt selten zwei Tage
vorüber, daß wir uns nicht sehen sollten. Und so ist sie doch
immer in denselben Mauern. Jetzt ersteig' ich die Hügel und
blicke nach dem glücklichen Sorent hinüber, und freue mich
kindlich, daß uns doch ein Horizont umschließt, und ich doch
hinsehen kann, wo sie wohnt.

Unser Leben ist jetzt ein Reihentanz von unschuldigen Freuden.
Da sie nicht in der Stadt wohnen, so sind sie mit vielen lästigen
Besuchen verschont, und was denn kommt, schickt sich mehr in
die ländliche Sitte. Meiner Person wegen — ich sag' es noch
einmal — darfst Du gar nicht besorgt sein. Bei Fiormona
hab' ich freien Zutritt, so oft ich will, wegen der Musik. Indeß
sind wir doch selten allein. Manche Stunde — ach, manche
kostbare! muß ich freilich mit dem Alten laboriren, experimentiren
und auch wohl Vögel schießen. Ueber mein gutes Treffen hat
er eine herzliche Freude, und daß ich ihm so zur Hand gehen
kann. Sonst hat er sich auch mit der Alchemie abgegeben —
und Gold machen wollen, ich hab' ihn ziemlich davon zurück-
gebracht, und darüber ist mir die Mutter vorzüglich hold geworden. Uebrigens herrscht Fiormona mit all' ihrer liebenswürdigen Unterwürfigkeit über sie, und sie machen sich's zur
Freude, jedem ihrer Wünsche zu begegnen. Bis auf den großen
Punkt kann sie Alles fordern. Aber von dem weichen sie nicht;
und es wäre Thorheit, nur den Versuch zu wagen, eine andere
Idee einzuleiten. Das müssen wir denn oft mit anhören, wie
die Alte über diese oder jene Partie spricht, wovon denn der

ewige Refrain ist: daß ihre liebe Fiormona nur zu wählen
hätte, und der und dieser und jener sich hoch glücklich preisen
würde, ꝛc. Das ist denn eine gute Einleitung zu unserer Re=
signation. Ich stimmte treuherzig mit ein, und Fiormona ist
alles zufrieden; meint nur, sie sei noch jung, und es würde
ihr so weh thun, Mutter und Onkel zu verlassen. Von der
Seite weiß sie sich denn noch immer die Andringlichkeiten ab=
zuhalten.

Am meisten genießen wir uns auf den Spaziergängen,
und des Abends im Garten, wenn die Alten müde sind, und
noch bei Tisch im Saale sitzen. Da verbirgt uns denn manche
unbelauschte Hecke, und wenn wir uns denn recht sicher wissen,
schleichen wir auch wohl in unsere Lieblingsgrotte, wo durch
die Ahorn mitwissende Sterne hereinschimmern.

Es ist unbeschreiblich, welch' eine hohe Meisterin in der
Liebe sie ist; wie viel Feinheit, mit welchem Gefühl verbunden,
wie viel Genuß mit wie viel Grazie! Ich kann nichts davon
ausplaudern, denn die Sprache ist da zu arm, und nur das
feinste reine Gefühl kann das fassen. Solche Zaubereien habe
ich nie gekannt. Ach so lieben, und so geliebt zu sein! Könige,
ihr seid arm gegen mich! Götter, euch bin ich gleich!

So ganz sich Fiormona mir hingiebt, so sehr sich mein
Auge an den herrlichen Formen ihrer Gestalt weiden darf, so
heiße Küsse mein Mund auf den blendenden Nacken, umwallt
von seidenem Haar, auf die wallenden Hügel des weißen Busens,
mit dessen warmer sammtner Lilienhaut Lipp' und Wange auf=
und niedersteigt, drücken darf, so ein himmlisches Spiel wir
auch mit dem losen, immer erfinderischen Amor treiben, so
haben wir doch unsere Hände noch nicht nach der Götterfrucht
im Wipfel des Baumes ausgestreckt. Ich zweifle nicht, daß

wir, als so beglückte Kinder der Liebe, das Ziel erreichen werden;
aber durch stufenweise Entzückungen, scheint es, sollen wir erst
zur höchsten vorbereitet werden. Unsere Seelen scheinen dies zu
fühlen, wie unsere Sinnen — sie würden der mit einmal über
sie strömenden Seligkeit erliegen, und das dunkle Ahnen verborgener Wonne, das immer heller und heller heraufdämmert;
die geheimnißvolle Vorempfindung, welche lächelnd den Vorhang
nur leise lüftet, und jungfräulich erröthend das Auge niederschlägt,
bereiten einen Vorgenuß, der wie purpurne Morgenröthe her-
aufwallt und nur von dem Sonnenglanz des höchsten Lebens
überstrahlt werden kann. Zu dem hält mir immer die Furcht
vor den Folgen die lüsterne Hand zurück, und noch hat mir
immer ein Etwas den Mund verschlossen, gegen Fiormonen
mich darüber zu äußern. Sie selbst scheint zwar in so einer
ruhigen Erhabenheit darüber zu sein, obwohl sie mich noch nichts
hat ahnen lassen, welches auf eine Spur führte; und ich ruhe
auch so ganz in ihrer Klugheit und ihrem feinen Sinn, daß
ich nicht darüber grüble. Läßt sie mir auch einen Augenblick
übrig, in dem sie nicht mit ihrer Milde und Hoheit und Größe
meine Seele ganz füllte?

———

Portici, den 12. März 1806.

Sie ist noch nicht zurück; sie bleibt länger, als sie wollte.
Meine Seele dehnt sich vergebens nach ihr aus, meine Arme
umfassen nur ihr luftig Gebild. Jeden Morgen geht die Sonne
mit meinen Hoffnungen auf, jeden Abend mit meiner Sehnsucht
nieder. So unerträglich langsam ist sie ihren Kreis am Himmel nie geschlichen. Ich täusche die Zeit noch mit Träumen,
mit Erinnerungen, mit den rosigen Gestalten der Vernunft, und
bereite meine Seele auf den schweren Kampf vor — ach! ich fühl's
wohl, den schwersten meines Lebens — und sieh, das hebt
mich; mitten im Gefühl sagt mir der Gott in mir, daß ich
ihn bestehen werde, durch Fiormonens Kraft, und durch ihren
Geist, den ich erst noch eine Zeitlang in mir trinken muß.

Ich durchstreiche die Gegend und sieh, wie von ungefähr
bin ich vor den Fischerhütten. Da ist jetzt ein Leben und ein
Jubel! Die haben sich in der kurzen Zeit schon recht artig
eingerichtet, und es macht mir große Freude, sie zu arrangiren.
Das ist eine Geschäftigkeit in dem Mädchen, eine Emsigkeit in
dem kleinen Kreise, und die Freude lacht ihr bei aller Arbeit
aus dem Auge. Wenn dann der rothe Abend das Meer herauf-
schwimmt, und sie vor der niedrigen Thür sitzen mit ihren
Netzen und Hammern, dies und das daran bessern für den
Nachtzug, so setze ich mich mitten unter sie, und lasse mir erzählen und vorschwatzen; und Marie sitzt neben dem Bräutigam,
und alle Augenblicke fällt ihr etwas Neues ein, wie sie das ein-
richten und jenes besser machen können; und wenn er einen
gescheiten Einfall hat, mit welcher kindlichen Freude sie ihm um
den Hals fällt, und aufspringt, und in die Hände klatscht; —

ich sage Dir, mir steht oft das Auge voll Thränen, und ich gehe seitab ans Meer, daß ich wieder ruhig werde. Ist's nicht das gescheiteste, was ein Mensch thun kann, sich irgendwo heimlich anzusiedeln mit Weib und Kind, und da zu säen und zu pflanzen in patriarchalischer Einfalt! Da können wir das ganze kleine Gebiet unsrer Wünsche umschreiten, und mit der Sonne geht alle Sorge nieder. Großer Gott! Und wir, die mit drei Spann Erde genug haben, fliehen weit aus und sehnen und wünschen und verzweifeln, und haben des alles keinen Gewinn. — O Schicksal des Menschen! — O Fiormona!

Portici, ben 14. März 1806.

Gestärkt an Leib und Seele, wie ein junger Gott, komm' ich zurück; ich habe diese Nacht in heiliger Freude gefeiert.

Mein alter Fischer machte mich lüstern eine Nachtfahrt mit ihm zu machen. Als die Dämmerung einbrach, fuhren wir sacht' am Ufer hin, er, Pietro und ich. Die Gegend verschwamm sanft in Abendluft, und eine frische Kühlung stieg aus den leisen plätschernden Fluthen. Nach und nach verhallten die Töne am Ufer entlang, ein Stern nach dem andern trat aus dem ersterbenden Glanz, und eine heilige Stille schwebte auf den Wassern, nur durch den eintönigen Ruderschlag unterbrochen, und wenn hie und da ein Bewohner der Tiefe hervorsprang.

Jetzt ward Feuer gemacht. Hell spielte der Schein über die Wellen hin, und unzählige weiße Mücken, gelockt von der Wärme und den Glanz, stürzten sich in das leuchtende Grab, um wieder als Köder den Fischen ein Grab zu werden. Pietro machte mich jetzt auf den Vesuv aufmerksam, und sieh, ein prächtiges Schauspiel begann. Durch den Dampf am Berge hoben sich Funken empor, wie Leuchtkugeln, die in hoher Luft verschwanden oder glänzend wieder niederstiegen. Zuweilen, und gewöhnlich in der Dunkelheit, wird der ganze Dampf zur Flamme. Von Zeit zu Zeit wirft der Berg dann einen Steinregen aus, und diese glühende Masse bildet die leuchtenden Funken. Majestätisch spiegelt sich die große Herrlichkeit in der bebenden Fluth, und es ist, als ob sich die Tiefe öffnet, und Flammen herausfahren. Nach und nach ward der Rauch glänzender, erst in der Höhe, dann tiefer unten; wie eine silberne Wolke schwebte und wallte er um den dunklen Berg;

ein Windstoß theilte ihn, und jetzt trat der Mond in freund=
licher Größe und Herrlichkeit empor. Ein entzückendes Schau=
spiel, heiter schwamm er nun höher, und das zitternde Silber
goß sich auf den Golf wie Licht über einen faltigen Mantel
aus. — Wir füllten unsere Becher, und tranken seine schwim=
menden Strahlen mit ein. Viva la Luna! rief ich, und Pietro
schwenkte sein Glas jauchzend um den Kopf.

Wie wir nun ruhig dahin glitten, in den freundlichen
Strahlen, und das schlummernde Ufer mit seinen Wäldern und
Hügeln in zweifelhafter Dämmerung verworren da lag, unter
mir die schaukelnde bewegliche Welle; über mir die ewigen Ge=
stirne und das unermeßliche Gewölbe der Nacht. — Da stieg
die Erinnerung auf den zitternden Strahlen zu mir nieder, und
mein Geist sammelte Euch um sich, meine liebe Entfernten. —
Weißt Du noch, Franz, wie wir oft in dem kleinen Nachen
zwischen den blühenden Ufern der Leune uns schaukelten, wie
wir mit dem Abendroth den Fluß hinaufruderten; und bei
Sternenschein uns wieder, ruhig hingelagert, hinunterwiegen
ließen. Verloren in dem Anschauen der Unendlichkeit über uns,
sprachen unsere Lippen nur einzelne Worte, aber unsere Gedanken
begegneten sich, unsere Gefühle umarmten sich. Tief bewegt
hob wohl einer einen hohen Gesang an, und das Gefühl unsrer
ewigen Freundschaft, und unsers unsterblichen Geistes durchrieselte
mit heiligem Schauer Mark und Gebein. Die Fesseln des
Kerkers zerbrachen, die Mauern der Beschränkung stürzten ein,
Brust an Brust fühlten wir uns frei wie die Götter und in
der heiligen Vereinigung, stark wie die Götter! O süße
Schwärmerei des Herzens! O Durst nach Glückseligkeit und
und Freiheit! Höchste Zusicherung eines unendlichen Lebens!
— Wir schiffen nicht mehr auf einer Welle; werden wir je

wieder Arm in Arm diese gestirnte Herrlichkeit überschauen? Es war eine feierliche Nacht, die Nacht unseres Abschieds! — Aber wir haben uns erkannt, mein Theurer, unsere Seelen haben sich ergriffen, und sie werden sich ewig halten. — Die ganze Gewalt der Freundschaft kam über mich, alles Kleine schwand vor dem großen Gedanken. Und wenn wir uns jenseits der Sterne nicht wiedersehn, Heil dennoch und Triumph unsrer Freundschaft! Denn unsere Geister haben einander durchdrungen und eine heilige Flamme, an einander entzündet, die mit immer reinerem Feuer alle Ewigkeiten hindurchleuchten und wärmen wird.

Feierst Du auch in solchen Stunden den Bund unserer Liebe? — Ich glaub' es manchmal zu ahnen. Laß mir die Täuschung! Warum können sich die Seelen nicht auf dem Winde begegnen? Die Gedanken fliegen so leicht und so weit von dem Sandkorn, auf dem wir angefesselt sind; warum gab ihnen ihr Schöpfer nicht Kraft oder Feinheit genug, ohne diese schwere Hülle sich einander zu verständigen? —

Im Osten ward es schon immer röther, und der Morgenstern funkelte noch hell, und von den Wassern stieg ein leichter Nebel auf. Da landeten wir wieder mit reichen Schätzen; und wie neugeboren ging ich durch das bethaute Gebüsch und die schlummernden Hütten. Nach und nach erwachte das Leben; die Schatten der Nacht schwanden, und es regte sich wieder. O daß der Traum meines Lebens sei, wie diese Nacht; mein Erwachen, wie dieser Morgen! —

Fiormona hat mir heute einige Zeilen geschrieben, daß sie erst in drei Tagen wieder zurückkäme. Dir bedünkt das vielleicht nicht viel. Aber, mein Lieber, ich habe andere Zeitrechnung angefangen.

Indeß such' ich allenthalben — nicht ihrem Bildnisse zu entfliehn — ach! ich bin im größten Gewühl mit ihr allein — sondern Nahrung für mein Gefühl, und Wiegengesang für meine Seele voll Liebe. Schlummern und schlafen soll sie nicht. Sie soll mit allen Sonnen wachen, aber eine Ruhe und Stille soll über sie ausgebreitet sein, wie die eines Menschen, der sich heiter niederlegt, noch zufrieden lächelnd über die frohen Bilder des Tages, die um ihn spielen.

Ich ging heute Nachmittag nach der Franziskaner Kirche. Es geht doch nichts über die Musik für's Herz. Alle andere Kunst muß sich vor ihr neigen. Sie geht, wie die Seele, unsichtbar aus den Menschen heraus, hinweg über die sichtbare Welt, und wirkt mit den stärsten Mitteln auf ihn. Da ist nichts Todtes, nichts Stillstehendes, das bald ins Todte übergeht. Bewegung ist ihr Element, und hohe Harmonie der Bewegung Schönheit, und ewige unwandelbare Schönheit das Ziel, nach dem Psyche hier den gebundenen Fittig dehnt. Nichts in der Welt giebt so rein den Abdruck der innersten Empfindung wieder, und nichts weckt so gewaltig Empfindung und Leidenschaft. Empfindung ruf' ich immer, Empfindung ist Zweck der Musik, wie sie ihre einzige Schöpferin war. Alles was nicht Empfindung wirkt in der Musik, ist bastardartig, verkrüppeltes Gaukelspiel und Luftgespinnst. Könnte ich das nur allen

Menschen so heiß ins Herz legen, wie es mir darin liegt; aber da vergessen sie über den Seiltänzerkunststückchen das lebendige Wesen, — Meister und Schüler und Liebhaber. So geht's aber jetzt überall! Dem Menschen von gesundem Sinn, und der, von der Tarantel noch nicht gestochen, auf seinen festen Füßen steht, ist das ein Jammer, der ans Herz greift, alte und junge Kinder so um sich herumtaumeln zu sehen, mit ihren Schellen= kappen und Bockssprüngen, bunter einer als der andere, und wie sie kreischend und schreiend dem Afterbilde, das sie sich mit eigner Faust schufen, ihre Kainsopfer bringen. O sie wohnt nicht mehr unter euch, die heilige Göttin! Zu den Sternen floh sie empor, in ihr reines Element, in dem, wie Pythagoras ahnet, die Geister in himmlischen Tönen schwimmen und leben.

Eine herrliche Symphonie zum Eingange, voll Würde und Einfalt, hob die Seele auf sanften Wogen empor, die Melodie flößte Kraft und Vertrauen ein, und eine männliche heitere Ruhe schwebte über der Komposition.

Alt und Baß war gut besetzt, nur hatte der letzte etwas Kathedralmanier im Singen. Sonst war die Begleitung herr= lich volltönend, aber den Gesang nicht überwältigend; mehr das harmonische Rauschen eines Wasserfalls, durch den man das Lied der Nachtigall noch durchhört. Wenn der himmlische Gesang schwieg, glaubt' ihn das getäuschte Ohr noch in den verwandten Tönen zu hören. Solche Harmonie strömt zum Herzen, und ist wahrlich auch vom Herzen geströmt. Der Mensch von Leidenschaft, ja von Verzweiflung umhergejagt, könnte solche Töne nicht anhören, ohne zu fühlen, daß eine höhere Kraft, wie Balsam, auf ihn niederträuft, und die Wogen seiner Begier wie von einem Gotte bezwungen, sich ruhig ebenen. Das Ganze endete mit einem so feierlichen Emporschweben,

daß die Seele, wie aller Sterblichkeit entladen, über Grab und
Trennung aufflog, und sich ruhig wie Abendroth über einer
Wüste über den Trümmern der Vergänglichkeit wiegte. — Längst
hörte die Musik auf; aber ich schloß meinen äußern Sinn, und
ließ die Töne noch lange in meinem Innern nachhallen.

Denke Dir meinen Unwillen, als auf diese seelenergreifende
Harmonie ein buntes Geschnörkel folgte voll wahnsinniger
Sprünge überkleistert, wie die goldene und silberne Gallerie,
worauf die Spielleute standen, mitunter ein artiges aber leeres
Geschwätz. Einer wollte sich vor dem andern durchhören lassen,
— ein erbärmliches Spiel! Es freute mich innerlich, daß es
schlechter executirt ward, und die Menschen bei weitem nicht
so gut spielten, als vorher; denn ich glaube, sie selbst haben
es gefühlt, welcher Abstand das war, und unwillkührlich viel=
leicht hat die ewige Schönheit und Wahrheit an ihnen ihre
Kraft geäußert.

Ich habe neulich einmal mit Fiormona darüber gesprochen,
und sie ist, wie überall, auf dem rechten Fleck. Es ist ein
wahres Leiden, sprach sie, für Jeden, der Sinn für das Wahre
der Kunst hat, daß sie bei uns so herabgewürdiget ist. Wir
sind doch in Allem, was auf das Wohl der Menschheit geht,
in Empfindung und Gefühl tief unter den herrlichen Griechen.
Aber wir schmücken unsere Armseligkeit mit den Lumpen hoher
Weisheit aus, und stehen vor den Erzählungen von der allge=
waltigen Wirkung ihrer Musik wie vor lächerlichen Ammen=
mährchen, die uns die weisen Herren wegphilosophirt haben.

Mir fiel dabei die treffliche Stelle unseres Sulzers ein,
wo er ungefähr sagt: welch' ein unbegreiflicher Frevel, daß bei
uns die Musik bloß als ein Zeitvertreib müßiger Menschen an=
gesehen wird! Braucht es mehr Beweis, daß ein Zeitalter

4

reich an Wissenschaften und Werken des Witzes sein könnte, und sehr arm an gesunder Vernunft? —

Es ist eine entsetzliche Verblendung, fuhr sie fort, wir rühmen und brüsten uns, trefflichere Instrumente fabriciren zu können, aber leider sind nur wenige wahre Meister darauf. Haben wir schon mit einem Schlachtgesange den Feind geschla= gen? Ist durch einen hohen Päan, durch einen Nationalgesang der patriotische Geist und edle Liebe zur Freiheit je in Flam= men gesetzt? Wie viel unserer jugendlichen Seelen werden durch dies wirksamste Mittel wahrhaft gebildet und für das Gute und Edle empfänglicher gemacht? O, es ist nichts bei uns, als Flitterwerk und Zierrath, und alle Kraft dieser göttlichen Kunst ist verloren gegangen.

Bei den jetzigen Umständen, und wie die Sachen nun einmal so verkehrt liegen, meinte ich, würden wir auch wenig Besserung zu erwarten haben, im Allgemeinen, wiewohl etliche unserer Großmeister den wahren Sinn erfaßt zu haben schienen, und in manchen Opern und Dramen hohe Einfalt und wahrer Ausdruck herrschte. Aber für das Allgemeine ist's doch verloren, und wird auch nie wieder emporkommen.

Leider, sagte Fiormona, leider! wie so viel Großes, was nur in freiem Boden gedeiht. Alle Kunst will freie Luft, sonst fällt sie ins Kleinliche. Der Genius läßt sich nicht miethen, und bildet und singt und spielt nicht nach den Launen der Kö= nige. — Wo man noch allenfalls etwas wirken kann, ist bei der Jugend, durch reine, einfache Melodie, die sich ins Herz einstiehlt, und eine Harmonie hervorbringt, eine Gabe, das Schöne aufzufassen, und für Gefühl und Empfindung einen hellen Sinn zu erhalten. Sodann bei dem Landvolk. Unter den Hirten wandelt die verwiesene Göttin noch. Ein zweiter

Apoll ist aus dem Himmel der obern Götter gebannt. Er befindet sich aber recht wohl unter den Schäfern. Da ist noch etwas vom Nationalgesang, und der Frohsinn singt und tanzt der Natur nach, ob man wohl mitunter die Fessel durchklirren hört. Wir, mein Lieber, werden schwerlich eine Umwandlung erleben. Glück genug, wo sich wenige einzelne Menschen zusammenfinden, welche die Göttin heimlich belauschen, und sich an der Schönheit freuen, die für andere dahin ist. Man darf aber das kaum laut werden lassen. Mag's darum sein, so wollen wir's so heimlich genießen wie unsere Liebe!

Morgen! ruf ich, morgen werde ich sie sehen! und meine ganze Seele zittert dem „morgen" schon entgegen. Es geht keine Stunde hin, keine Minute, daß ihr Bild nicht vor mir steht. Ich thue, was ich thue, so leb' ich immerfort in ihr; ihr Wesen ist so in das meine übergegangen, daß in jeglicher Form der Bewegung meines Geistes i h r Geist sich regt, an jedem Ge= danken i h r Athem weht. Darum kann ich aber nicht sagen, daß ich an der Selbständigkeit m e i n e s Wesens verloren habe; — ich bin es noch, der so denkt, so empfindet, so han= delt; aber weil unser Sinn so ganz Eins ist, unser Dasein so ganz in Eins zusammen fließt, weil sie mein innerstes Ge= fühl geweckt und allmächtig belebt hat, so ist mir's immer, als ob das Medium aller meiner Gedanken und Empfindungen Fiormona's Geist sei. — Auch wird mit jeder Stunde des Umgangs, die ich wirklich oder in der Phantasie mit ihr zu= bringe, meine Seele vertrauter mit der ihren, gewinnt an Stärke, und trinkt Kraft ein. Was hab' ich anderes jetzt in der Welt zu thun? Nennt mir die Kunst, die Wissenschaft, durch die sich mein Wesen so schnell, so rein veredelte und vervollkomm= nete. Alle die glänzenden Namen der Weisheit — ich über= töne sie mit dem Einen: Liebe! All' die hohen Lehrer der Geistesbildung, die Weisen der Vor= und Mitwelt — ach! ich habe Fiormona, und es ist an einer Fiormona genug. Halte sie fest, mein Herz! lerne sie ganz aus, mein Geist! und du wirst für diese Spanne Zeit, und dieses Pünktchen im un= ermeßlichen Raum Weisheit genug haben! —

Ich bin wieder in meinem Elemente und bade mich in den Strahlen der Schönheit. Ist es wirklich, oder ist die Sehkraft meines inneren Auges heller geworden, aber Fiormona steht herrlicher und bezaubernder vor mir, als je. Welch' ein holder neuer Reiz hat sich über ihre Gestalt ausgegossen, welche höhere Grazie spielt um sie! Welche lüsterne Freude schwebt auf jeder Miene, ein neuer Himmel hat sich mir aufgethan; was für Seligkeit wird er auf mich herabströmen!

Ich schiffte gestern von Portici hinüber nach Sorrent, die Gegend zu sehen; aber eigentlich um Fiormona ein paar Stunden früher näher zu kommen. Sie hatte mir gemeldet, daß sie zu Wasser zurückkehren würde. — Ein herrlicher Punkt, Sorrent, in diesem großen Paradiese! Wie eine Meergöttin thront es, hinten von Bergen umgürtet, über der See und beherrscht freundlich die Gegend. Das Ufer ist tief dagegen, und man hat hohe Terassen hinanzusteigen. Wenn man oben ist, erblickt man die Stadt, wie in duftende Zaubergärten versteckt, wo die Palläste hie und da wie Statuen der Heroen oder Göttertempel herausscheinen. — Die Aussicht ins Meer ist weiter, und Capri hebt sich wie eine Krone heraus. Gigantisch steht hier der Vesuv vor dem erstaunten Blick. Es ist, als hätte man seine dampfende Herrlichkeit noch nie gesehen. Wie ein Riese am Meer steht er aufgerichtet, der dem Himmel den Sturm droht. O daß ich Dich einmal hier an meiner Seite hätte! Vergiß Vaterland und die kalte Welt, und sonne Dich hier am Strahl jeglicher Schönheit. Ich schwöre Dir zu, daß hier auf einer Spanne Land mehr Stoff zur Glück-

seligkeit liegt, als in meilenlangen Distrikten unserer Sand-
wüsten, oder den Gegenden, wo die Hälfte des Jahres ein
starrender Winter herrscht. — Hier ist ewige Fülle der Gesund-
heit in Land und Meer, immer blühender Frühling und immer
segnender Herbst. Schatten beugen Kühlung und labende Frucht
und Blüthe zugleich nieder, und frische Winde wehen durch die
Wärme aus der Wasserwelt. Was für Morgen und welche
Abende! Von allen Purpurwolken thaut die Freude nieder,
und reiht sich Chortänze, und stimmt sich Hymnen an, und
windet duftende dichte Kränze um jede blühende Stirn, in die
sich kein feindseliger Gram furcht. Aus jedem Auge blickt Freude,
in jeder Muskel regt sich Kraft zum Leben. O welch' ein Volk
in den Zeiten der alten Freiheit, da es sich noch jetzt so fühlt,
obwohl die schönste Lebensblume abgeknickt ist! —

Es war gegen Abend, und ich stand gerade im Herab-
gehen auf einer der Terassen und durchlief noch einmal die
Gegend, als ich tiefer unten eine Gestalt — o wer verkennt
Fiormona's Grazie! — hinschweben sah. Wie ein Alpenadler
aus den Wolken stürzte ich hinab, — Alles schwand in dem
Augenblick, nur sie war vor mir, sie hatte ich wieder — meine
süße Beute!

Nimmer hab ich's so gefühlt wie Zeugenblick drückt. Elende
Convenienz! die, der mein Herz in wirbelnden Schlägen entgegen schlug, nicht mit diesen Armen, die sich immer unwillkührlich öffneten, umfassen zu können gestattet, in dem Augenblicke des seligsten Wiedersehens.

Wir fuhren zusammen zurück. Es war einer von den
Abenden, welche sanft, mit dem Charakter einer heiteren Ruhe,
sich über die Erde ausgießen und über der Welt schweben wie
die Zufriedenheit über einer großen Seele. Ruhig wiegte sich

das Meer im Abendschein, ruhig hingen die goldenen gekräu=
selten Wölkchen am reinen Blau, ruhig wie nach segenvollem
Leben ein edler Mann leuchtete die sinkende Sonne. Ihr Strahl
röthete das hohe Sorrent, und durch das angestrahlte Laub
blinkten Pommeranzen und Zitronen golden hervor, wie die
Früchte in den Lustgärten der Hesperiden.

Fiormona, die sich gern von den Andern losmachen wollte,
fragte mich dies und das, und unter andern wegen unserer
Fischerfamilie. Sie hatte ihrer Mutter nur etwas davon gesagt
und sich merken lassen, sie wollte sich und ihr ein Fest machen,
wozu ich ihr behülflich sei. Ungezwungen, als wollte sie mir
heimlich etwas sagen, nahm sie mich bei Seite, und so entkamen
wir der Gesellschaft.

Sie sagte mir sogleich, daß sie die nächstkommende Woche
wieder abreisen werde, zu einer Tante, welche darauf gedrungen
habe, sie etliche Monate um sich zu haben. Bis auf vierzehn
Tage, fuhr sie fort, habe ich diese schreckliche Zeit herabgedungen.
Sie hat mich zur Erbin ihres großen Vermögens eingesetzt,
mit wunderlichen Bedingungen, und wünscht sehr, mich bald
verheirathet zu sehen. Ich kann jetzt jede Woche Hochzeit
machen, sagte sie ernsthaft lächelnd und bedeutend, so bald ich
es gut oder nöthig finde. — Ich sah dumpf ins Meer hin=
aus, und faßte den Sinn der letzten Worte kaum. Auch sie
wandte sich weg; aber im Augenblick kehrte der heitere Froh=
sinn wieder. Nun was macht unsere Marie, unser Pietro? —
Ich erzählte ihr alles und sie meinte, die Hochzeit müsse nun
in den ersten Tagen sein, wegen ihrer Abreise nach Sorrent.
So lange dürfen wir die guten Kinder nicht warten lassen.
Es könnte ihnen ja ein Unfall begegnen, und sie hätten nicht
einmal die höchste Süßigkeit der Liebe gekostet. Ach! ich lerne

jeden Tag mit der Zeit geiziger werden; es ist so gar nichts unser, als der Augenblick, und keine andere Weisheit, als die denselben recht zu nutzen.

Mir lag ihre baldige Entfernung im Sinne, und selbst ihre heitere Gegenwart konnte die Wolken nicht ganz zerstreuen. Ihre letzten Worte ermannten mich wieder, und ich rief es mir zurück, was ich ihr und mir gelobt hatte.

Im frohen Genuß des Beisammenseins flog der übrige Theil des Abends hin. Capri lag da vom rosigen Abendduft umgraut und die herrlichen Ketten der nach Kalabrien eilenden Apenninen. Sacht' entglommen schon die Sterne in hoher Luft, als Neapels Thürme vor uns aufstiegen. Die Fischer machten die Nachen am Ufer zurecht, und die Mädchen saßen vor den Thüren mit ihren Netzen, und strickten und sangen. In den umwölkten Schatten bei Fiormona's Garten labte mich noch ein geflügelter Kuß, und die Nachtigall sang in den Myrthen unter meinem Fenster, als ich in süße Träume entschlummerte. —

Ich lebe noch vor Wonne. Noch zittert jede Nerve bis ins innerste Leben. O, Franz, ich habe genossen, was keines Menschen Auge sah, was in keines Erdensohnes Herz kam!

So vieler Seligkeit glaubt' ich den Menschen nicht empfänglich. Wohl mir; jetzt weiß ich, was das Leben reicht. Wie viel Tage und Jahre hab' ich in dumpfer Ahnung dahingeschmachtet? Großer Gott! warum nur so wenig sonnenhelle Punkte in dieser dunklen Irrbahn?

Ist der schwache Mensch hier noch nicht reif zu der Wonne? Sind dies nur einzelne Ausflüge, die Psyche aus dem Kerker wagt? Nur Ahnung künftiger Freude, vielleicht nur Schatten künftiger Vereinigung? O so reißt ihr Bande dieses Lebens, falle Schleier, und strahle auf himmlische Sonne!

Wie ich mein ganzes Dasein in ihrem Dasein wiegte? Wie aller innerer und äußerer Sinn in Eins verschlossen war! Solch' ein inniges Umschmelzen, Umathmen, wo jeder Puls ins andre Leben hinüberklopft, jeder Fiberschwung erwiedert wird, jeder Herzschlag durch Mark und Bein geht! O es ist der höchste Triumph alles Lebens, solch' süße Vereinigung!

Meinst Du, meine Vernunft fliegt den Dithyramben-Flug? Ich stehe fest auf meinen Füßen, ich empfinde mit heller Seele Wahrheit. Das ist kein Traum! Aber ein neues Leben ist mir aufgegangen. Ich fühle mit andern Sinnen, ich spreche mit anderen Worten.

Ich bin im Freien gewesen. Der schöne Morgen trieb mich hinaus. Den lieben Thälern und den trauten Rebenhügeln meines Ufers hab' ich mein Entzücken heimlich erzählt, und bin aufgesprungen, und habe meine Wonne den Fluthen zugejauchzt. — Nun bin ich wieder hier, und will Dir, Freund, erzählen; nein — mein Herz will ich Dir ausgießen. Und Du wirst eine frohe Stunde über die Seligkeit Deines Freundes haben.

Marie und Pietro hatten sich artig eingerichtet, Meubles erhandelt, ein paar feine Anzüge machen lassen, gescheuert und geputzt, und Alles unter lauter Singen und Tanzen in den Stand gesetzt. Du hättest den Jubel sehen sollen, wie Fiormona erschien. Es war, wie wenn eine Göttin in eine niedere Hütte tritt. Und wie sie die Emsigkeit lobte, wie sie sich in dem kleinen häuslichen Wesen so gefiel — die große Seele!

Auf vorgestern ward denn die Hochzeit angesetzt. Fiormona gab den großen Platz vor ihrem Hause zum Tanz, nebst einigen Zimmern zur Bewirthung. Nach der Ceremonie versammelten sich bei ihr die Hochzeitgäste; alte Fischer und Mütter und junge blühende Dirnen. Viele drückten ihr vertraulich die Hand, wie einer bekannten Wohlthäterin. Wie Vielen mag sie schon im Stillen aufgeholfen haben!

Mutter und Onkel waren sehr froh und mischten sich gern unter die Leute. Es bedarf nur eines Vorgängers bei solchen Sachen, so folgen die andern nach. So ließen sich auch hier noch einige Anverwandte nicht lange nöthigen, unter Menschen aus einer andern Klasse einmal froh zu sein. Sonst giebt es in der Familie wohl Geschöpfe, die dienende Menschen für Thiere aus einer fremden Welt ansehn; und das drückt Fiormona auch manchmal.

Sie saß neben dem Bräutigam und ich bei der Braut, und es war sichtbar, wie durch ihr holdes Wesen der Zwang aus jedem Herzen floh, und die Freude sich bald laut ergoß. Nachher wollte sie weg, um die Leute sich ungestörter zu überlassen, aber da war an kein Fortkommen zu denken. Alt und Jung bat sie und umbrängte sie. Mir war das ein hoher Triumph, wie die holde Königin unter ihren Kindern liebevoll dastand, und dann einen Blick süßer Wonne auf mich warf!

Ich machte mich unter die Alten, die mich auch schon liebgewonnen hatten, und ließ mich unterrichten von ihrem Gewerbe, ihren Freiheiten, u. s. w. Einige waren darunter, welche sich weiter in der Welt umgesehen hatten, und die Gegenden im Archipelagus wohl kannten. Einer hatte auch ein paar Seekampagnen mitgemacht. Es war eine Herzenslust, sich an dem Ausdruck der Wahrheit zu weiden und an dem Feuer, das noch nicht im Auge erloschen war.

Gegen Abend begann der Tanz. Ulmen und Pignen umziehen den grünen Platz, Leben und Jugend tummelte sich in seiner Mitte und auf den Bänken herum saßen die Alten in vertraulichen Kreisen. Pietro's Mutter fehlte nicht; die jungen Mädchen hatten ihren Wagen mit Blumen geschmückt und sie hergezogen. Marie wollte sich das auch heute nicht nehmen lassen, und sie hatten Mühe gehabt, sie zu bedeuten.

Wir hatten eine lange Zeit Freude an dem Tanz. Besonders vergnügte uns die Braut, wie sie mit dem Kranz von Myrthen und jungen Rosen in ihren Locken leicht dahinflog, und ihr das flatternde Haar die glühende Wange umwehte. Ihr voller Busen pochte ungeduldig hoch über's Gewand, und in dem verschämten Blick lauschte das Bangen der kommenden Nacht. Fiormona schien ganz in sie versunken. Eine Ariadne, flüsterte ich ihr zu, im Tanz mit einem Theseus vor der Brautnacht! Eine leise Röthe flog über ihr Gesicht und ihr Herz klopfte sichtbarlich empor.

Nach der Abendmahlzeit gingen wir wieder hinunter zu den Leuten. Unsere Gesellschaft verlor sich allmälich; auch die beiden Alten suchten ihr Zimmer, und ich war mit Fiormonen allein. Um die Braut hatten sich ihre Gespielinnen versammelt, und mancher junger Bursch suchte im Scherz und Lachen ein Reis oder eine Rose des keuschen Kranzes zu erhaschen. Ge= lächter und Jubel begrüßte die nahe Mitternacht und ein lautes Viva! umtönte das Brautpaar und Fiormona. Sie stahl sich aus dem Getümmel und ich folgte ihr in den Garten nach.

Unsere Liebenden, sprach Fiormona, müssen eilen, wenn ihnen der schöne Stern der Freudegöttin noch ins Brautgemach scheinen soll.

Die Glücklichen! seufzte ich wie unwillkürlich. Und warum das mit einem Seufzer? fragte Fiormona. Du neidest ihnen doch ihr Glück nicht?

Ach, daß ich es über alle Geschöpfe ausgießen könnte! — Du hast ein Paar sehr frohe Menschen gemacht. Heute bist Du mir wie eine Verweserin der Liebe vorgekommen. Du verwaltest das Amt der großen Göttin so gut, sie wird gewiß eine einzige, köstliche Freude aufbewahren, ihre Priesterin zu belohnen.

Sie stand still und sah mich mit dem Ausdruck der innigsten Zärtlichkeit an. O, flüsterte sie, halt ich diese Freude nicht in meinen Armen?

Der ganze Himmel floß mit dem Worte und mit der Umarmung auf mich nieder. Mit keinem Gotte hätte ich getauscht, solch' ein Stolz hatte mich nie gehoben: der Lohn Fiormo= na's zu sein!

Wie lange werdet ihr noch, lispelte sie, ihr freundlichen

Gestirne, unsere Küsse hier belauschen? O wer wie ihr, ewige Jugend und Schönheit und Freiheit hätte! — Daß all' unsere Freude so schnell dahingeht, und wir Thörichten doch oft zaudern und meinen, wir würden ewig hier wohnen! —

Sie umschloß mich fester, als sollt' ich ihr in dem Augenblick entrissen werden.

Wir waren unvermerkt vor die Grotte gekommen. Süßes Heiligthum der Liebe! Wir traten Hand in Hand hinein, und ein heiliger freudiger Schauer überlief uns. Ein himmlischer Duft strömte uns entgegen.

Ich habe sie, sprach Fiormona, heute in Gedanken sinnend mit Rosen und Rosmarinblüthen ausgeschmückt, und die weichen Rasensitze mit Orangenblüthen bestreut.

Ich hing bald an ihren Lippen und lag an ihrer Brust. Ein süßes, immer neues Spiel der Liebe. Sie drückte ihren Mund auf meine Brust und küßte mein zitterndes Herz. Ich spielte mit den Schleifen ihres Gewandes, und es fiel bald zurück. Welche Formen von nackter Schönheit durch die zweifelhafte Dämmerung durchscheinend! Welch' ein warmes Leben mir entgegen athmend! Wie ich sie rund umfaßte, welch' ein elektrisches Feuer durchfuhr mich! ihre warmen wallenden Brüste an meinem bloßen Herzen! Alles Gewand war von uns gewichen. Zwei reine Flammen loderten wir in einander. Jede Berührung ein neuer Blitzschlag, jedes Umschlingen innigere Vereinigung! Und nun das innigste Zusammenschmelzen, das Entzücken, das Guß auf Guß über uns strömte, der rasche, liebehauchende Athem, und der elysische Traum in süßer Ermattung, und der Zauberschlummer, und das erwachende Leben zu neuen Freuden, zu süßerer Wonne — ich schweige. Die Erinnerung überwältigt mich wieder.

Doch das ist alles Schatten nur und Traum gegen das, was keine Sprache nennt, gegen diese vollkommene Vereinigung der Seelen, dies ineinander Strömen der Geister! Das ist der hohe Triumph, mit dem wahre Liebe körperliche Vereinigung überfliegt, das Element der Unsterblichen, und die sicherste Ahnung ewigen Lebens. Wesen mit Wesen so verschmolzen fließen die Seelen, reine Ausflüsse der Gottheit, in einander, doppelt stark in der Vereinigung durchströmen sich mit Vollkommenheit wechsel= weise; Urania löset den Gürtel ihrer Gefangenen, und himm= lische Ideen schweben wie Genien aus der Umarmung empor. Die Körper werden getrennt, die Vereinigung dauert fort wie die Frucht ihrer Umarmung. — Aber wer enthüllt das Himmlische mit irdischer Sprache? Wer hat das Gefühl mit Namen genannt, die Schönheit, die nur der innere geistige Sinn leis' mitempfindet?

Warum weilet ihr nicht, freundliche Sterne, über der Nacht voll Entzücken? O warum konnt' ich sie nicht wunder= bar, wie Zeus in Alkmenens Armen, verlängern? — Wir hörten den Hochzeitsschwarm abziehen, und Fiorniona mußte zurück, um bei ihren Mädchen keinen Verdacht zu erwecken, die sich so lange mit unter die Tanzenden gemischt hatten. Wie sie aus dem Dunkel heraustrat unter den freien Himmel, rasch und leise, wie die Morgenröthe aus der Aetherhalle, wenn sie zu lang in ihres Lieblings Armen geruht hat; auf der glühenden Wange das verschämte Entzücken, im losen Haar die süße Ver= wirrung der Nacht, im halbaufgeschlagenen schwimmenden Auge liebevollen Dank, schmachtendes Hingeben in jeder Grazienbe= wegung; und nun noch einmal Wang' an Wang' das liebende Gelispel: *idolo caro! cor mio!* und nach langem Kuß dann schnell dahin unter die Schattenbüsche der Nacht; süßen Duft goſſen ſie ihr nach, und Nachtigallen ſangen bräutlich um die Enteilende

Solch' eine Nacht iſt ein paar Leben werth! Bis zur Morgenröthe irrt' ich noch träumend — träumend? ach, ich habe nie ſo lebhaft gewacht mit allen Sinnen unter den Roſen und blühenden Syringen herum! Jeden Baum wollt' ich in meiner Freude umarmen, jeden Blüthenbuſch an mich drücken; ja ich ſprang auf und ſtreckte meine Arme empor, den ewigen Himmel voll Liebe zu umfaſſen! —

Wie gut iſt's, daß der Menſch in ſeiner Armſeligkeit nicht die Vorſtellung von dem Glück hat, welches er hienieden erreichen kann, oder daß er ſo in ſeiner Dumpfheit hingeht, wie einer, der die Sterne anſieht ohne den Drang zu fühlen, in der weiten Unermeßlichkeit ſeinen Durſt zu löſchen. —

Endlich ist der Graf angekommen. Endlich? Mir noch immer zu früh. Gestern begleitete ich ihn zu C*****ti's. Er ward wohl aufgenommen und sprach viel von seinen Reisen, klug und unklug, wie er's gehört oder gelesen hatte. Du kennst ihn ja.

Auf Fiormona schien er sehr aufmerksam, und fragte viel nach ihr auf dem Heimwege. Ich sagte ihm denn, was mir gut schien.

Den Abend muß ich mit ihm zubringen. Tödtlich lange Stunden, wie er mir seine Weisheit auskramte, und die gelahrten Urtheile über Belvedere, Raphael, Villa Medicis u. s. w. Es ist doch nichts Elenderes, als so ein geborgter Kopf; kaum thut er den Mund auf, so ist's, als wenn er mit seinem Zeigefinger auf das Schild irgend eines Gewährsmannes hinwiese. Alles ist mit Kunst behängt, die Natur ist aus der Mode. In sein Herz darf nichts kommen, und da kommt denn auch wenig heraus. Ueberall sieht er sich nach seiner Krücke um, und wo er allein gehen soll, schwankt er wie ein Kind auf ungewissen Füßen. Ich greife dann wohl mit unter durch; aber wenn ich die Frage nicht nach der Schule einrichte, versteht er sie nicht und tappt blind umher. Ich will mir mehr dergleichen Abende verbitten.

Ach bei Dir, Schöpferin dieses neuen Lebens, bei Dir eine Minute! Ein Wort der wahren Natur von deinen Lippen! Unerträgliche Convenienz! Deine Ketten hat kein liebender und kein freier Mensch geschmiedet.

Uebermorgen geht Fiormona nach Sorrent. Ich hab' einen geheimen Plan, den sie mir zugesteckt hat; es muß gehen, und ich werde sie öfters auch dort genießen. — Ganz einig sind wir noch nicht darüber. Morgen seh' ich sie noch einmal, und sie hat mir vielleicht wieder eine Götternacht versprochen. Für heute bin ich zu einem Concert engagirt. Meine Flöte wird hier schon bekannt. Binden laß' ich mich nicht. Lieber will ich fort! An einer Fessel hängt die andere, und zuletzt bist du mit Leib und Seel' im Kerker. Freiheit will ich. Ohne diese giebt's kein Glück!

Morgen zieh ich hier ab, meiner Sonne nach. Hier gebe ich eine Reise nach Kalabrien vor; unter Sorrent aber ist ein Wirths= haus, das mir Fiormona angewiesen hat. Der Garten ihrer Tante läuft fast bis herunter, und sie hofft, viel Freiheit zu haben, und Gelegenheit. Das mögen nun die Götter lenken. Am Ende ist sie wohl eines Wagestücks werth.

Unsere gestrige Zusammenkunft wurde uns zu Schanden gemacht. Abends war Gesellschaft da, und Fiormona mußte nachher mit der Mutter auf ihr Zimmer. Ich wartete bis nach Mitternacht im Garten, zu dem ich den Schlüssel immer führe; aber es erschien nichts, mit wie hochklopfendem Herzen ich auch bei jedem Geräusch aufhorchte, und es wagte, ihr unter dem Fenster ein Zeichen zu geben.

Indeß genoß ich doch vorher eine Stunde mit ihr im Garten auf und nieder gehend. Es war eben von einer höchst unglücklichen Ehe gesprochen worden.

Man sollte allen Ehen gram werden, sagt' ich, wenn nicht hie und da einmal eine glückliche einen wieder aussöhnte, und die Leute doch meist selbst daran Schuld sind.

Ich kann das letzte nicht zugeben, sagte sie, — wenn wir uns freilich ein arkadisches Hirtenleben denken, so möcht' es wohl allenfalls gehen; aber in unserer bürgerlichen Gesellschaft sind wahrlich die Leute weniger daran Schuld, als das Institut selbst. Es ist doch, man sage, was man will, nicht nach der Natur, und eine Quelle von unsäglichem Elend. Was der Staat dabei gewinnt, seh' ich auch noch nicht. An Bevölkerung ver= liert er offenbar, und an frohen, freien Menschen. Die Sitten,

die würden viel dabei gewinnen, und unserer vergiftenden Lust=
dirnen würden wir so wenig haben, als der unnützen alten Jung=
fern, denen oft, wenn sie der sogenannten Tugend treu bleiben,
nichts übrig ist, als an der Keuschheit zu sterben. Der große
Orden der betrogenen Männer würde aufgehoben sein, und wenn
auch das Wort „Vater" etwas ungewisser würde, als es jetzt schon
ist, so würde doch in keiner Familie, die nur die Mutter fort=
pflanzen müßte, ein Fremdling eingeschoben werden, der des
Vaters Namen und Vermögen dahinnähme.

Wer das berechnen könnte, fuhr sie lebhafter fort, wie
viel von den edlen Eigenschaften des Menschen durch diese Scla=
verei seit Jahrtausend verstorben und erstickt ist, der würde
diese Einrichtung als ein fürchterliches Strafgericht ansehen
müssen. Wie reich würden wir an großen und herrlichen
Menschen sein, die alle in einer freien Liebe empfangen und
geboren, nur das Gepräge der liebevollsten Vereinigung trügen,
und nie des Murrsinns oder das Abzeichen des Zwanges und
der schläfrigen Pflicht. Liebe und Erzeugung aus Pflicht!
Ein schöner Contrast! Und darüber sagen all' unsre Philo=
sophen nichts.

Aber die Erziehung? fiel ich ihr ein.

Die Erziehung müßten die Mütter übernehmen. Aber
welche Mütter würden das sein gegen unsere jetzigen beschränkten
Geschöpfe! Ist irgend eine Reform der Weiber, dieser armen
Sclavinnen, möglich, so ist sie's nur dann. Nur dann können
öffentliche Schulen und früher Umgang mit Männern sie bilden.
Ich überlasse mich manchmal den süßen Gedanken über das Loos
unseres Geschlechts, das alsdann so herrlich gefallen wäre.
Wie würde jede Blüthe der holden Weiblichkeit in diesem freien
Sonnenschein gedeihen. Ach! wie gern würde die Liebe sich

wieder Hütten unter uns bauen. Der Mann, der uns wie ein schmeichelnder Sclave auf den Thron der Liebesgöttin hebt, und uns wenn er uns im unzerreißbaren Bande hat, mit eisernem Scepter, eigensinnigen Launen ꝛc. fürchterlich tyrannisirt, würde der gefällige Liebhaber und der immer gleiche Freund bleiben, da die Fortdauer dieser Verbindung nur von seinen inneren Eigenschaften, nie von der Kraft, die das Gesetz seiner Faust gab, abhinge. Liebe macht glücklich. Ehe zerstört oft dies Glück durch Zwang und Fessel. Wie kann diese Tochter der Freiheit Kettengeklirr dulden. Es giebt wenig E h e n, wo Liebe herrscht. Wie unendlich mehr f r e i e V e r b i n d u n g e n würden wir haben, die s i e geknüpft hätte. Und welch' ein Gefühl für einen Mann, welch' ein Stolz für ein Weib, dann ungestört in einem Herzen zu thronen, und durchs ganze Leben an e i n e r Hand zu wallen, welche die Liebe gab, und einzig die Liebe in einander verschränkt erhält. Ich würde nie mit Dir vor den Altar treten, und doch würde Dir keine treuer sein, als Fiormona.

Je mehr ich's bedenke, je widersinniger kommt es mir vor. Ein junger Mensch und ein aufblühendes Mädchen, in dem Moment, da sich die erste Lebenskraft regt, schließen sich an einander an. Mangel an fremden Gegenständen vermehrt das Bedürfniß. So fliehen die ersten Jahre dahin. Sie kommen in die Welt, der Charakter entwickelt sich; kurz, das sind ein Paar Geschöpfe, gar nicht für einander gemacht. Sollen sie nun die Wahl verführter Augen, überraschter Sinnen, Jugend und Unerfahrenheit an ewigen Ketten büßen? Heißt das nicht, mit der Glückseligkeit sein Gespött treiben? Trieb nach Veränderung, Neuheit ist stark im Menschen und durch ihre Einschränkung stechen und kitzeln die weisen Herren diese muthigen Rosse noch mehr. — Von kinderlosen Ehen mag ich nun gar

nichts sagen, und von dem Zwange der Eltern und den Vor=
urtheilen der Geburt, Reichthum, und wie die Chimären weiter
heißen. Alle diese Nachtgespenste für das menschliche Wohl haben
ihr finsteres Dasein jenem Despotismus zu danken, über den
jetzt noch dazu die Religion einen heiligen Mantel gezogen hat.
— Manchmal begreif ich's nicht, wie die Menschen in ihrer
Blindheit hin sich so tyrannisiren lassen. Aber die edlen Rosse
werden in der Jugend eingefangen, an der Krippe gebunden,
und kennen ihre Stärke nicht.

Du siehst, mein Freund, aus diesem Fragment und den
nur rhabsodischen Gedanken, welch' ein Geist sich in ihr regt,
und wie sie so selbst über alle Verhältnisse des Menschen das
Wahre herausgedacht hat. Dabei bewundere ich nun immer die
hohe Mäßigung und die Enthaltsamkeit, mit der sie diese Mei=
nungen in sich verschließt. Wenn Du sie so unter ihres Gleichen
siehst, so unbefangen, sich so gar nicht überhebend, so ganz
accommodirt nach den Vorurtheilen und Thorheiten ihrer Zeit,
über Kleinigkeiten oft stundenlang, wenn es nicht anders sein
kann, sprechend in dem alltäglichen Ton der Mode; die Weis=
heit unter den Thörinnen, die ihren Glanz nicht würden er=
tragen können; ich sage Dir, es ist unbegreiflich, und meine
Sinnen vergehen mir manchmal. So viel Duldung bei so viel
innerer Kraft! Aber sie kennt den Menschen, und trägt mit
himmlischer Milde seine Schwachheit. — Wo es indeß gehen
will, hat sie doch gern mit Männern zu thun, weil da ihre
Seele mehr Nahrung findet. Da hört man doch noch über
Sachen der Kunst, über Vorfälle aus der Geschichte, über Po=
litik, und nicht selten bringt sie mit ihrer Schalkheit die weisen
Herren in Verwirrung. Aber das ist eine Weisheit, über
welcher die Grazie, Feindin alles Schulgerechten, mit bebender

Schönheit schwebt, umgaukelt von Witz und von losen Scherzen umspielt. — Und welch' eine Sprache! welch' ein Wohlklang der Silberstimme! welch eine Wahl der Ausdrücke, wie treffend und doch wie natürlich! Nie ist diese süße Sprache von süßeren Lippen geflossen. Ach! es ist eine Vollkommenheit in allem, eine Grazie, eine Leichtigkeit, eine Feinheit! Du hast keine Vorstellung, und nur das geistigste Bild Deiner Imagination kann Dir den Schatten davon vorzaubern. —

Es ist schon spät, und ich nehme von Portici aus Abschied von Dir. Mit der Morgenröthe schwimme ich nach Sorrent hinüber. Du erhälst hier ein ganzes Packet meiner Briefe. Ich gebe Dir ferner sofort Nachricht. Heute erhielt ich Deine Briefe. Die Sache wegen Louisen hat mir das Herz zerrissen. Ich möchte knirschen gegen alle Ordnung, wenn ich mir die Engels= seele so gemartert denke; wenn ich's mit allen Sinnen begreife, daß es anders sein könnte — — — — *)

---

*) Ich sehe mich wegen zu individueller Umstände genöthigt, hier und in mehreren Briefen längere Stellen auszulassen, welche das traurige Schicksal seiner Schwester betreffen. Er nahm den innigsten Theil daran, da er sie vorzüglich liebte. Den Schmerz über den Ausgang dieser tragischen Geschichte ersparte ihm das Schicksal. D. H.

Hier sitz' ich unterhalb des Tempels, der mein Heiligthum in
sich schließt. Ich blicke hinauf des Morgens, ob mit ihm nicht
ihre Erscheinung niedersteigt; ich mische mich in die Schatten
des Abends, ob ich nicht ihr Gewand irgend wo schwimmen
sehe. In der Schwüle des Mittags ruh ich am frischen Quell
unter den goldnen Früchten; und erwache aus süßem Traum,
wenn sich in überirdischer Glorie ihre Erscheinung mir verklärt.

Drei Tage harre ich schon vergebens; meine Hoffnung
sinkt jetzt, aber die Liebe hebt sie wieder empor. Wenn meine
Phantasie sich Hinderniß auf Hinderniß thürmt, und die kühnste
Hoffnung keinen Flug darüber hinwagt, so schwinden sie vor
Fiormonens Liebe, vor ihrem großen Geist, ihrem Witz und
ihrer unerschöpflichen Erfindungskraft. Sie wird es möglich
machen, ruf' ich mir des Morgens zu, und harre geduldig,
wenn des Abends die Erinnerung vergangener Seligkeit über
mich kommt.

Im Wirthshause halte ich mich selten lange auf, um nicht
Verdacht zu erwecken, und entfernen darf ich mich auch nicht
weit, um den Boten, den sie schicken könnte, nicht zu verfehlen,
und nicht irgend einen Bekannten zu finden. Ich habe mir
gegen meinen Wirth merken lassen, daß ich die vorzüglichsten
Gegenden hier aufnähme, und kleine Tagereisen von hier aus
machen wolle. — Des Abends besuche ich wohl die Promenaden,
und walle unter den freundlichen Mädchen umher. Ueberall
blicke ich nur nach ihr. Ach, und sie erblick' ich nirgend!

Meine Abreise schien den Grafen zu frappiren. Er ist
viel um Fiormonen, wiewohl sie ihn sehr entfernt hält. Die
Flamme zieht freilich alles in ihrer Atmosphäre an; und —
die Insekten verbrennen sich die Flügel an ihr.

Ich werde sie sehen! ich werde sie umarmen! so bald die Gestirne hell funkeln und die Nacht sich an den Bergen lagert.

Die Sonne neigte sich schon dem Meere zu, und ich saß vor der Thür meines Logis in liebenden Gedanken — da kam ein junges Mädchen auf mich zu, fragte nach meinem Namen, und gab mir ein Billet. Fiormonens Hand! „Heute gegen Mitternacht an der vierten Gartenthür der großen Promenade." Und seit der Zeit schleichen die Stunden so unerträglich langsam, indeß ich vor Wonne und Erwartung bebe. Ich muß hinaus, und irgend einen Menschen suchen, dem ich in meiner Freude wohlthue.

———

Mein Schicksal scheint mir in dem Grafen einen bösen Genius nachzuschicken. Kaum freue ich mich, ihn im Rücken zu haben, so steht er wieder vor mir, und ich ahne, ich ahne mehr!

Gestern gegen Abend kam ich von einem Spaziergange zurück. Ein Paar Pferde halten vor der Thür und der Graf tritt mir entgegen. Ich nahm bei aller Verwunderung eine heitere, gleichgültige Miene an. „Sieh da," rief er mir zu, „finden wir uns hier? Ich meinte, Sie wären in Calabrien?" — Ich hatte die Antwort auf der Zunge, ich sei dort gewesen, aber der Wirth der neben ihm stand, machte mich verstummen; er konnte schon mit ihm gesprochen haben, und so hätte ich die Sache schlimmer gemacht. — Ich habe, sagte ich, nur ein wenig die Gegend umher durchstreift, und bin nun im Begriff, weiter zu gehen. — „Was macht Fiormona?" fragte er. — Das befremdete mich, und die rasche Frage zuckte wie ein Blitz durchs Herz. Fiormona? ich sah sie nicht. — „Sie ist aber in Sorrent!" sagte er, „ich habe sie soeben gesprochen. Sie läßt grüßen."

Ich nahm das gutwillig hin, wie wenn ich nichts verstünde Aber im Herzen kocht' es mir doch. Das Gespräch fiel auf etwas anderes, und er ritt bald weg. Zweideutig sagte er zuletzt: „Glück auf die Reise!"

Mit Ungeduld erwartete ich den Abend. Es war hoch Mitternacht, aber Fiormona kam nicht, wie sie doch gewiß versprochen hatte. Bis gegen Morgen ging ich auf und nieder, aber da war nichts zu hören.

Noch weiß ich nicht, ob es Zufall war, der mich mit dem Grafen zusammenführte, oder ob er mich ausgekundschaftet hat. Fast muß ich das letztere glauben; denn mein Wirthshaus liegt nicht an der Straße, ziemlich verborgen, nach meinem Zweck und wenig besucht. Der Wirth sagte mir auch, der Graf habe ihn gefragt, wie lange der Herr schon hier sei, und was er treibe.

Dem sei nun, wie ihm wolle, Vorsicht ist überall nöthig. Da einmal Verdacht auf ihn da ist, fällt mir jetzt alles ein, was ich sonst mit argloser Seele hinnahm. In Neapel sagte er mir zweimal: Es scheint, daß Ihnen meine Empfehlung an das C...tische Haus viel Vergnügen macht. Damals sah ich blos Stolz darin, und Sucht nach Dank. Jetzo mehr.

Das alles — wie leicht läßt es sich in Fiormona's Armen vergessen. Welch' eine Nacht! wie sich die Thür öffnete, wie mich ihr warmer Athem wieder umwehte, sie mich leise fortzog durch die dunklen Hecken in ihr heimliches Zimmer, vom stillen Nachtlicht dämmernd! Das umfangende bräutliche Lager, wie steht es noch vor mir! Noch hör' ich das süße Geflüster! Ich schließe das Auge und lebe die heimlichen Scenen, das süße Spiel bis zum süßesten Vergessen noch einmal durch. Wie sie sich mir mit allen holden Reizen so ganz überließ, nur Liebe gebend und nehmend, und mir in jedem feurigen Kuß einen Theil ihrer Seele einflößte! Diese innige Vereinigung der Herzen giebt dem kleinsten Genuß einen hohen Werth; vor ihr erröthet die Grazie der Scham nicht, und die Natur kann ihr alle Geheimnisse enthüllen, ohne die Feinheit der Empfindungen, das Wesen der Liebe zu zerstören. Wie ganz anders kommt man aus Fiormona's Armen, als den Armen einer Buhlerin, die nur unsere Sinnen bestach, und über unser Herz nichts vermochte.

Ueber mein langes Harren ohne Nachricht hat sie mich himmlisch getröstet und herrlich belohnt. Es war ihr nicht eher möglich; mit Furcht hatte sie dem Mädchen das Billet vertraut. Künftig brauchen wir keinen Unterhändler. Sie hat mir die Tage im voraus festgesetzt, und da ihr Zimmer nach dem Garten geht, und sie allein schläft, so ist nichts zu fürchten. Jetzt bin ich freilich unruhiger über ihr gestriges Ausbleiben. Einige Mal war ich im Begriff, die Mauer zu übersteigen, aber es war zu mondhell, und ich durfte es nicht wagen.

Noch heute verlasse ich mein Quartier. Ich habe mir in der Nähe ein Dörfchen ausgesucht, und werde da bei einem Gärtner wohnen. Heimlich und versteckt ist das Plätzchen. Dahin verirrt sich kein Späher. Der Wirth ist die Treuherzig= keit selbst, und ließ sich durch ein paar Zechinen alle Neugierde abkaufen. — Fiormona wünschte ich doch vorher zu sprechen. — Warum klopfst du so unruhig, mein Herz? Die Mitter= nacht ist noch fern, und die Sonne steht noch hoch, viel zu hoch für deine Wünsche!

Einen Augenblick saß Fiormona in Gedanken versunken, als ich ihr mein Zusammentreffen mit dem Grafen erzählte. Bedenklich wölkte sich eine Sorge auf ihrer Stirn, und sie wollte mir das nicht merken lassen. Der Graf hatte nach mir gefragt, ob ich nicht hier durchgekommen sei, aber, wie sie versicherte, mit aller Unbefangenheit und ohne Absicht. So war es auch vielleicht nur Zufall, und das Uebrige Spiel meiner Einbildungskraft. Und doch. — Aber ich bin ja bei Fiormona, was geht mich die übrige Welt an?

Die Nacht vorher hatte sie ein kleiner gesellschaftlicher Tanz abgehalten, von dem sie sich nicht entfernen konnte. Mit wie viel Küssen hat sie mich wegen des langen, vergeblichen Wartens entschädigen wollen! Ich fand auf dem Tische den Tasso aufgeschlagen. Mich ergötzt sein Rinaldo und sein Armidas doch immer, sagte sie. Im Jerusalem sind mir die Episoden das Liebste, wiewohl man das eigentlich vor den Kunstverwandten nicht sagen soll. Das Süjet mag sehr erhaben sein, aber es liegt jetzt außer unseren Ideen, und es ist uns doch nicht möglich, das Ungereimte der Expedition und die religiösen Vorurtheile zu vergessen. Tancred's Liebe, Erminien's Charakter, still und treu vor sich hin, Olinde's Jammer, und die Erhabenheit Sophronia's rühren und entzücken mehr, als alles, was tiefe Kunst und Gelehrsamkeit in diesem Werke verräth. Und weißt Du, warum? Das war aus seiner Seele innerstem Gefühl gesungen; das hatte er erfahren und empfunden, davon war sein Geist vollkommen durchdrungen; leise schwebte die Liebe über ihn und hauchte diesen Versen die größte Har-

monie, diesem Entzücken das lebendigste Feuer, diesen sanften
Klagen die Seufzer tiefempfundener wehmüthiger Schmerzen
ein. Seiner Liebe danken wir diese holden Blüthen seines
Geistes, die uns in unverwelkter Frische duften, und noch, so
lange Tasso's Name und Tasso's Lied fortlebt, in jeder lie=
benden Seele, und in jedem fühlenden Herzen süße Lust und
verwandte Empfindungen erwecken werden. Es macht mir oft
Freude, die Spuren mancher Scene und ihre Veranlassungen
in Situationen des Dichters aufzusuchen, die uns in leisen
Tönen die Liebe in seinen Sonnetten aufbewahrt hat.

Ueber Ariost führte sie mir Galliläi's Meinung an, der
sie beistimmte. Er verglich sein Gedicht mit einem großen
Melonenlande, und Tasso's Werk mit einer Orangerie. In
jenem, sagte er, muß man oft lange umhergehen, ehe man eine
vortreffliche Frucht findet; allein wie sehr lohnt sie die Mühe!
In einer Orangerie findet man viele, die sich gleich sind, man
hat nicht weit bis zu dem Baum, wo man sie brechen kann.
— Was an ihm mißfällt, fuhr sie fort, ist Schuld seines Zeit=
alters, und einer oft zu üppigen Phantasie. Uebrigens kann
man die reiche Schönheit und mannigfaltige Fülle, wechselnd
und unerschöpflich, wie die große Natur, nicht verkennen. In
Petrarch's Gesellschaft fühlt man sich, wie im Umgange kaum
sichtbarer Genien der Schönheit. Es ist ein süßer Schwärmer,
der sich, wenn ich es offen gestehen soll, doch zu wenig an die
Wirklichkeit hält. Würde er genossen haben, wovon seine keusche
Seele kaum eine Idee hatte, so würde er auch gern mit seinen
holden Tönen unter den Bäumen auf der Erde und den frischen
Blumen geruht haben, wie er jetzt fast nur allein auf dem Duft
der Wolken wandelt. Er wäre der Mann dazu gewesen; denn
an Reinheit und zarter Empfindung fehlt es ihm nicht. —

Was würde er gesungen haben, meine Holde, fiel ich ihr ein, wenn ihn eine Nacht die Süßigkeit Deiner Umarmung von den Vorhöfen des Himmels herabgezogen hätte, um ihn in den Himmel selbst auf stärkerem Fittig emporzuheben? — Sie lächelte, und Kuß und Umarmung ließen uns bald die Dichter vergessen.

Ja, es ist so! Liebe ist wesentlich zur Glückseligkeit unumgänglich nothwendig, wenn sich der Mensch nicht zum Narren denken soll. Wem die Zukunft immer vor der Seele steht, der muß das. Nur in der Liebe wird die Gegenwart theuer, nur durch sie gelangt man zu der Weisheit, den Augenblick zu genießen. — Alle Furcht, diese unsterbliche Quälerin der Menschen, verschwindet, alle Sorge verstummt. Wie ein glatter Aal schlüpft ihnen die Seele unter den Harpyenklauen weg, und tanzt in dem klaren Bach des Genusses, oder allenfalls der freundlichen Hoffnung. — Es ist dem Menschen, sagt man, der Trieb eingepflanzt, sich nach der Zukunft zu sehnen, immer zu streben, ihr Dunkel zu enthüllen; und das ist's, was sie nicht glücklich macht. Bei der Liebe ist das anders. Die Fülle des gegenwärtigen Glücks muß so groß, so überschwenglich sein, daß die Seele darüber hinaus gar keinen Flug wagt. Sie fühlt, daß sie im Besitz ihres Glückes ist: der Trieb nach Vollkommenheit, nach Vereinigung mit Schönheit ist erfüllt, was hat sie weiter zu wünschen, was zu hoffen?

Fürchten könnte man freilich für das Ende dieser Wonne. Aber ich sage Dir, das ist nicht! Die Seele ist so voll, daß sie gar nicht noch einem Gedanken Raum geben kann, als dem ihrer Seeligkeit. Der hat nie geliebt oder ist nie geliebt, in dessen Seele noch ein anderer Wunsch aufkeimen kann.

Ich murrte sonst manchmal über das Dunkle des Schicksals, das sich nur Schritt vor Schritt vor dem Wanderer enthüllt. Jetzt fall' ich nieder in Anbetung, daß es so ist, und der undurchdringliche Schleier alles, was vor uns ist, deckt.

Morgen und übermorgen gehe ich nach Salern. Mein alter Gärtner hier oder vielmehr sein Schwiegersohn treibt mich dahin. Er hatte dort eine kleine Erbschaft zu heben, und da fand sich ein Vetter, ein angesehener Mann, wie er sagt, der durch das Mark der Waisen und Wittwen reich geworden ist, und machte ihm das Wenige streitig. Ich kann die Herren nicht so bezahlen, sagte der junge Bursche, und da werden sie mich hinhalten bis nichts mehr da ist, und ich die Kosten noch obendrein geben muß. Er zeigte mir seine Papiere, und mir schien sein Recht sonnenklar. Er wollte es schon aufgeben. Nun will ich hin und sehen, ob ich was ausrichten kann.

Fiormona werde ich heute noch sprechen. Sie muß von meinem Ausbleiben wissen. Ich versäume große Wonne — soll ich mich schämen, Dir zu sagen, daß es mich Kampf kostet?

———

Der Graf ist wieder in Sorrent gewesen, und hat wieder vor dem Wirthshause gehalten. Das habe ich zufällig erfahren. Ich bin begierig Fiormona zu sprechen. — Gut, daß ich nicht in der Gegend war!

Die Gerechtigkeit ist doch überall eine feile Dirne geworden. Das habe ich auch wieder bei diesem Geschäft gesehen. Als ich bei dem Sachverwalter des jungen Menschen mich meldete, wußte er anfangs nicht, wie er sich mit mir nehmen sollte. Ich sprach cordial und gerade heraus. Die Sache ließ sich gar nicht verdrehen, und es war unbegreiflich, wie man nur einen Augenblick gezweifelt hatte. Dennoch, sagte er mir, hat das Gericht schon so gut wie entschieden, und die Hälfte der Erbschaft ist schon in jenen Händen. — Mir kochte das Blut, und ich sprach, wie mir's um's Herz war. Er schien keiner der schlimmsten, und gab dem Gericht viel Schuld. Ganz rein mochte er freilich nicht sein. —

Ich ersuchte ihn, mich sogleich zum Gerichtshofe zu führen. Er sah, daß ich nicht abließ, und suchte mich nur zu beruhigen. In dem Rath saßen etliche alte Männer, ehrwürdig im Aeußeren, aber ich erröthete für sie, daß sie ihrer Würde und ihrem Alter solche Schande anhingen. Als sie mir mit ihrem Schneckengange und den Formeln und Cautelen ohne Sinn und Verstand ankamen, bat ich nur kurz, mir die Gegenpartei kommen zu lassen.

Ein Gesicht, auf dem eine Seele, die nur aus wuchernden Zahlen bestand, Geiz und Habsucht und Haß unverkennbar abgedrückt hatte, musterte jetzt den Saal, und betrachtete mich

verachtend mit den Basilistenaugen. Ich erklärte ihm sogleich
meine Absicht, zeigte ihm kurz sein himmelschreiendes Unrecht,
das er nur durch augenblickliche Herausgabe und Vergütung
der Kosten gut machen könne. — Da hättest Du den Eifer
sehen sollen, wie ich ihn an die bocklederne Seele faßte, und
den Schlauch zusammendrückte. Er kreischte laut auf, und
meinte, das hieße die heilige Justiz verunglimpfen, die ihm Recht
gesprochen habe. Da wandte ich mich dann an die Herren.
O, ich versichere Dich, der Mensch hat riesenmäßige Beredsam=
keit, wenn seine Seele voll ist von der gekränkten Gerechtigkeit.
Ich sprach stark und eindringend, und zeigte ihnen ihr schänd=
liches Verfahren offenbar. Darauf fügte ich hinzu, daß wofern
sie nicht sogleich dem rechtmäßigen Erben das Geld und die
Geräthschaften zusprechen würden, ich sie förmlich bei ihrem
Oberen, den ich persönlich sehr gut kenne, verklagen, und nicht
eher ruhen wolle, bis sie Alle für ihre gottlose Verwaltung vor
allem Volk gebrandmarkt wären.

Meine freie Sprache, die sie allgewaltig zu ergreifen schien,
und wohl auch die Drohung, mochte sie milderen Sinnes machen.
Sie versprachen die Sache noch einmal genau zu untersuchen,
sich alle Mühe zu geben und so weiter. Ich ließ das Eisen
nicht erkalten. „Hier bedarf es keiner Untersuchung, meine
Herren. Die Sache liegt am Tage. Sie erkennen das Testa=
ment an; ehren Sie sich selbst, und erkennen Sie nun auch
ihre Pflicht, es gültig zu machen." Endlich brachte ich es so
weit, daß sie sich nur wenige Stunden erbaten. Da mögen
sie denn dem alten Geizhals die Gefahr vorgestellt haben, und
daß er am Ende noch mehr verlieren könne, so daß er das
Capital herausgab. Zwar wollten die Richter eine ansehnliche
Summe für die Gebühren abziehen; da ich eine förmliche Liqui=

dation forderte, um eine so unerhörte Rechnung erst höheren
Orts anzuzeigen, so lernten sie in aller Eile abziehen, und
begnügten sich an dem, was ihnen wegen Eröffnung und Exe=
kution zukam, und erwähnten mit keinem Worte der Kosten eines
Prozesses, der ihnen so wenig Ehre machte.

Welch' eine Freude bei den jungen Leuten, als ich zu=
rückkam! Kaum konnten sie's glauben! Der Alte war ruhiger
dabei. Es ist kein großes Glück, sagte er, denn es mußte so
kommen. Recht bleibt Recht. — Guter Mann! Du lebst
noch in goldenen Zeiten, wo Treue und Gerechtigkeit bei den
Menschen wie friedliche Täubchen im Herzen wohnten. Jetzt
ist's wohl ein Glück, wenn Recht einmal Recht bleibt. Du
mußt nie betrogen sein, oder es nicht gemerkt haben. Uebrigens
habe ich wieder gesehen, wie wenig oft dazu gehört, dem Un=
wesen zu steuern, wenn einer nur Muth und Wahrheit hat.
Das tausendste aber erfährt man nicht, und unter hundert Be=
drückten schafft so ein Zufall einmal Einem sein Recht. Das
kommt aber von dem heimlichen Verkehr in der Finsterniß. O
Athen! o Rom! werdet ihr nimmer auferstehen, und im Son=
nenschein vor allem Volk zu Gericht sitzen?

Fiormona, die mich unter allen Segnungen eines edlen Herzens entließ, hat mich wieder mit Triumph empfangen. Ich
halte von allem Danke nicht viel, das weißt Du noch von
Alters her. Es zeigt mir den Menschen immer so klein, und
ich stehe da, als müßte ich mich im Namen der ganzen Menschheit schämen, daß man mich lobpreist für das, was meine Schuldigkeit war. Aber süßer war mir doch Fiormona's Umarmung
in dem Gefühl, meine Pflicht gethan zu haben. Ihre Freude
war mein schönster Lohn. Und so muß es auch sein. Ich
möchte um Alles in der Welt die Sache nicht laut werden lassen.
Da würd' ich von edler That und Edelmuth überall hören.
Großer Gott! die Handlungen aus Pflicht müssen doch sehr
wenige sein, daß man gewohnt ist, sie für Edelthaten auszu-
schreien. — Ein anderes ist's mit Fiormona. Sie nimmt
die Sachen von der wahren Seite, erkennt den Werth der Handlung in sich selbst, lobt nicht, freut sich nur über den Ausgang,
und drückt einem inniger die Hand, daß man ihr diese reine
Freude verschafft hat.

Das habe ich noch nie gefühlt, was ich bei dieser Zusammenkunft empfand. So heiter, so froh sah ich Fiormona's
Seele nie in ihr Antlitz schweben. Solche Freuden der Liebe
hat sie nie an mich verschwendet. Es war auffallend. Und
wie herrlich klärte sie mir das auf.

'Ich habe geglaubt, sprach sie, ich hätte Dich mit der
höchsten Liebe umfaßt. Heute fühle ich, daß sie noch inniger
Dich umschlungen haben, diese Arme, daß dies Herz feuriger
in Deines hinüber klopft! Jetzt Karl, jetzt liebe ich, weil ich

weiß, daß ich Dich lieben darf. Der Mann, der das Entzücken einer solchen Nacht so tief empfindet, wie Du, und der
einer solchen Lust entsagen kann, um seine Pflicht zu erfüllen,
in dessen Seele herrscht keine grausame Selbstsucht, kein ver-
werflicher Eigennutz, der wird Fiormona lieben, und ihr entsagen, je nachdem es sein Herz oder seine Pflicht gebeut.

Ich stürzte an ihr Herz. O der überschwenglichen Seligkeit im Umgang mit solcher Seele! Ja ich fühle es, sie vermag Alles über mich, Alles.

Willst Du es mir glauben, sagte sie nachher, daß ich gestern
so glücklich zufrieden in Gedanken an Dich auf meinem einsamen
Lager den Schlummer erwartete? Es waren auch süße Träume,
die mich umschwebten. Der Wunsch stieg nicht einmal in mir
auf, Dich hier zu haben. Sieh, so rein war meine Freude
über Deine Aufopferung. —

Fühle, liebster Herzensfreund, was ich Dir nicht sagen
kann. Ach, wie das himmlische Wesen täglich in meiner Achtung
steigt, und meine Liebe zu ihr so viel reiner wird! Kennst Du
etwas auf dieser weiten Erde, das solch' eine Kraft hat, den
Menschen zu veredeln, und das ihn an so sanften Seilen zu
seiner hohen Würde emporzieht? Ja, es ist gewiß, im Mit-
telpunkt aller moralischen Schönheit thront die Liebe, wie die
Sonne in der Mitte unserer Welt! Sie leuchtet und wärmt
und nährt, und hält an unzerreißbaren Banden alles Vortreffliche, das sich in ewigen Kreisen um sie herum schwingt. —
Und wenn diese Hülle zerreißt, und Alles vergeht, und Alles
schwindet, — sie bleibt, und der Geist wird den freien Flug
nach ihr lenken, und sich durch alle Wandlungen und alle Himmel der höchsten Liebe nähern und der höchsten Schönheit, die
mit ihr zu einem Wesen verschmilzt.

Der Graf hat während meiner Abwesenheit seinen Besuch wiederholt. Sie beruhigte mich über meine Vermuthung, und deutete seine Anspielungen auf freundschaftlichen Scherz. Seine Galanterien gegen sie bedeuteten nicht viel, und sie hätte dergleichen schon mehr erlebt. Ich will wünschen, daß dem so ist; aber es ist etwas in mir, das widerspricht. Furcht, Fiormona zu verlieren, kann es nicht sein. Nun gut! Die Zeit wird das enthüllen.

Wie Hüon aus dem Arm Amandens aufgeschreckt ward, als der Donner um ihn rollte, und ihn rächende Blitze umleuchteten, fuhr ich diese Nacht aus Fiormona's warmen umschlingenden Armen empor. Ein plötzliches Getöse erhob sich über uns, ein Geschrei und sogleich ein Herabstürzen und ein Zueilen auf unser Zimmer. Fiormona sprang eiligst auf und nach der Thür. In der Thür selbst stürzt die Kammerfrau auf sie zu: Jesus Maria! Unsere Frau — kommen Sie, kommen Sie! — Und ohne sich zu bedenken, eilte Fiormona, wie sie war, hinauf; die Frau hinter ihr her.

Ich hatte vor Erwartung und Schrecken kaum zu athmen gewagt. Jetzt raffte ich mich eilig zusammen, und im Nu stand ich außerhalb in einem Busch dem Fenster gegenüber. Ich wollte erwarten, ob mir Fiormona nicht wegen des Vorfalls oder der Zukunft Nachricht gäbe.

Bald hörte ich sie auch wieder in ihr Zimmer treten. Sie kam auf das Fenster zu. Ich nahte mich, und sie flüsterte mir zu, daß ihre Tante plötzlich vom Schlage gerührt sei, und ohne Besinnung daläge. Morgen Abend um Mitternacht finde Dich hier ein. Ich hoffe Dir Nachricht geben zu können. Noch einmal wehte mich der Ambrosia = Athem ihres Mundes an; sie warf ein Gewand über, und eilte wieder hinauf.

Als ich noch so halb in der ersten Betäubung in dem Busch vor Fiormona's Fenster stand, fiel allgewaltig und wie zermalmend der Gedanke auf mich: Wie wenn gewaltsam das Schicksal sie so deinen Armen auf einmal entrisse. — Ich er= innere mich, daß ich im ersten Erwachen aus dem Wonnetraum nach dem Dolch, den ich zur Vorsicht bei mir führe, suchte; jetzt griff ich rasch wieder darnach. — O ihr guten Götter! Nur kein plötzliches Hinwegreißen! Da würde meine Philosophie zu Schanden, und die übereilte Hand möchte die Resignation in den Staub treten.

———

Wenn ich mir manchmal die kleine Wirthschaft meiner guten
Leute so ansehe, das einfache patriarchalische Leben, die Be=
schränktheit — eine so glückliche Beschränktheit! wie da ein Tag
in den anderen greift; wie sie so bekannt sind mit der kleinen
Welt, die sie umgiebt, sie nährt, und die sie wieder pflegen und
nähren; hier die Orange ihnen in den Schooß fällt; dort die
Feige süßen Lohn winkt, und der Zaubersaft der Traube in
den vollen Beeren kocht — und das Alles so gleichförmig durch
alle Monate und Jahreszeiten, so sicher, wie die Ordnung des
Wechsels in der ewigen Natur! Mich überschleicht da manchmal
der Wunsch, auch so zu leben, und zu pflanzen und zu beschneiden
und zu erndten, den kleinen Fleck Erde mit Weib und Kind
anzubauen, und unter der Dämmerung eigener Schatten den
Traum dieses Lebens kindlich wegzuträumen.

Und dann wieder die unendliche Sehnsucht im Busen nach
Wechsel und Umherirren; der Blick so beschränkt, und die Seele
doch immer jenseits dem Berge. Keine lange Ruhe auf einem
Fleck, ewiges Forschen darüber hinaus. — Was ist Bestim=
mung? Und wo ist nun Glück?

Jetzo zwar, da aller Wunsch sich in einem so ganz und
so schön befriedigt fühlt, jetzt wagt die Seele keinen fernen Flug,
und würde sich gern in den kleinsten Kreis einschließen lassen,
wenn nur die Liebe über ihm den Himmel ausspannte. Das,
glaube ich, ist Glückseligkeit und — vielleicht Bestimmung! —
Aber wie Wenige erfüllen dann die ihrige! Wie Wenige können
sie erfüllen! — Und ich? —

Wenn in einsamen Stunden mein ganzes Leben ausgebreitet vor mir da liegt, so sind wenige Punkte, die das Unglück bezeichnet hat; viele mit der hellen Farbe der Freude angedeutet und dem Schimmer des Glücks. Doch weile ich am liebsten auf den Blumenhügeln der Kindheit. Bunte, liebliche Bilder! Woher kommt das? — Weil mein jetziger Zustand jenem am ähnlichsten ist? — Ich glaube fast!

Morgen muß ich von hier abreisen. Noch bin ich unschlüssig, ob ich sogleich nach Neapel zurückgehe.

Es war schon über Mitternacht, als Fiormona's Zimmer erleuchtet ward und sie bald darauf an's Fenster kam. Es ist Alles im Hause wach, sagte sie, wir sind hier nicht sicher, und ich kann nicht lange ausbleiben. Meiner Tante ist sehr schlecht. Der Arzt sagte mir, sie werde schwerlich noch eine Nacht erleben. Kehre nach Neapel zurück. In ein paar Tagen hoffe ich Dir zu folgen.

Sie schien bewegt, und das Schicksal der Kranken, oder das Ueberraschende hatte sie angegriffen. — Ich kann für heute nicht mehr, fuhr sie fort. So ein langsames Hinsterben ist schrecklich. Heute hat sie ihr Testament gerichtlich gemacht. Die Scene war angreifend, und ihre Liebe zu mir rührt mich bei aller ihrer Schwachheit. — Nun, leb' wohl. Ich denke, wir sollen uns bald und fröhlich wiedersehen!

Ich ging bang und beklommen von ihr weg, und irrte die heitere Nacht hindurch, bis die Morgenröthe heraufstieg, sinnend umher. Fiormona stand vor meiner Seele, wie sie der Sterbenden den Labetrunk reicht, ihr das Kissen sanfter bettet, und mit der Liebe freundlichem Dienste die schwere Stunde leichter macht. Wie ein Engel beugt sie das himmlische Antlitz über das brechende Auge, und die entfliehende Seele schwebt von einem entzückenden Anschauen leichter zum Anderen hinüber. — Wenn sie an meinem Sterbelager so stünde, wenn ich an ihrem Lager des Todes weinte und jammerte! — Jammerte! Nein! wir haben das Leben besser gekannt und genossen. Eine

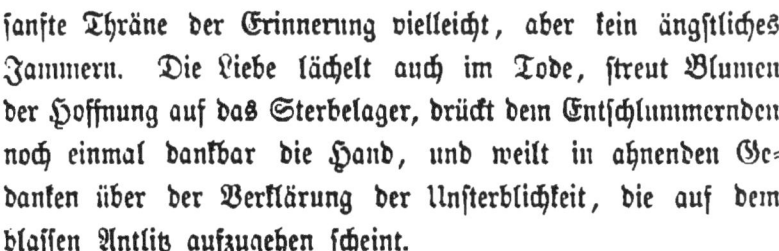

fanfte Thräne der Erinnerung vielleicht, aber kein ängftliches Jammern. Die Liebe lächelt auch im Tode, ftreut Blumen der Hoffnung auf das Sterbelager, drückt dem Entfchlummernden noch einmal dankbar die Hand, und weilt in ahnenden Ge= danken über der Verklärung der Unfterblichkeit, die auf dem blaffen Antlitz aufzugehen fcheint.

Ich bin noch einmal draußen gewesen, und habe von der Gegend Abschied genommen. Trautes Thal, ihr Rebenhügel und ihr umbuschten Höhen werde ich euch je wiedersehen? Verborgener Sitz meiner heimlichen Liebe, wie werth bist du mir geworden! Wie liebe ich dich, versteckte trauliche Hütte! Euch, ihr heiligen Schatten, die ihr den Liebenden verbargt. Wenn der Abendstern durch eure Wipfel strahlte, schlich ich mit entzücktem Herzen von euch; wenn ihr noch in den Schatten der Morgendämmerung über das stille Dach hinsäuseltet, trat ich wieder unbelauscht in das kleine Heiligthum und mit mir Fiormonens Bild, Fiormonens Liebe. Wie oft habe ich in stiller Entzückung ihrer hier gedacht, wie manches herrliche Gefühl, wie manche glückliche Phantasie hat mich hier in der dichten Laube, dort am klaren Bache umschwebt! Die Plätzchen sind mir theuer geworden, weil ich mich hier so oft mit i h r e m Geist unterhielt, wie dem Beter eine heilige Stätte, wo er in stiller Andacht mit seinem Gott sprach. — Ach! wenn ich fern von euch umherirre, auf hohem Meer, oder in meinen väterlichen Thälern, unter meinen heimischen Tannen, und vielleicht den Frieden suche, den ich bei euch ließ, wie oft wird mich dann die Sehnsucht zu euch hertragen, wie gern mein Geist über diesem friedvollen Sitz der ländlichen Ruhe und der Liebe weilen.

So geht denn Alles dahin! So lassen wir denn Alles fahren, auch das Liebste! Ich sage Dir, der Mensch kennt sein Glück nicht. — Ach! er kennt es wohl, aber Strom und Welle reißen ihn fort. Er steht am andern Ufer, und blickt mit kindischer Freude und lächelnd unter Thränen nach den Hügeln,

nach den Hainen, wo er jenseits wandelte. Er streckt thöricht
und weise die Arme nach den goldenen Wolken aus, mit denen
die Erinnerung im Abendschein die Fluren seiner Sehnsucht
umzieht.

Die guten Leutchen missen mich ungern; wir hatten uns
so an einander gewöhnt. Des Morgens half ich die reifen
Früchte sammeln, die das junge Weib nach der Stadt trug,
dann die Küche bestellen, band mit dem Alten Reben an die
Geländer, tränkte des Abends die jungen Pflanzen und plau=
derte in der Dämmerung auf der Rasenbank vor der Thür
mit ihnen und den geselligen Nachbarn und munteren Nachbar=
rinnen. Den Alten überfiel selten der Schlaf, und er war
nicht heiterer, als wenn er so mit mir umherging, und ich nun
die Geschichte jedes Baumes und jeder neuen Anlage und der
fruchtbaren Erndte jeden Jahres oder der Wetterschaden auf=
merksam anhörte. Werde ich in meinem Leben wieder so fröh=
liche Gesichter um einen Tisch sehen? Was das für eine Herr=
lichkeit war, wenn ich an einem Festtage einige der Nachbarn
mit ihren Weibern und Töchtern bewirthete! — Heute saßen
sie Alle um mich her, und ließen nicht eher ab, bis ich halb
und halb zusagte, wieder kommen zu wollen. Ich versichere
Dich, es war mir, als sollte ich aus der Welt gehen. Eins
hat mich fast bis zu Thränen gerührt: Die Tochter vom Hause
ging mir heute nach, und schien ein großes Anliegen zu haben.
Sie gehen nun von uns, sprach sie, und weiß Gott, ob wir
uns je wieder sehen! Ich möchte aber gern, daß Sie noch
zuweilen in Ihren großen Städten auch an uns dächten. Sie
waren so gut, und wir können Ihnen in Ewigkeit nicht vergelten,
was Sie für uns gethan haben. Wollen Sie mich nicht ver=
achten, so nehmen Sie dies Andenken — es ist noch von meiner

seligen Mutter — und erinnern Sie sich unserer, wenn es Ihnen in die Hände fällt. Sie band sich ein silbernes Kreuz vom Halse ab, es war noch warm von dem mütterlichen Busen, unter dem schon der Erstling ihrer Liebe ruhte. Ich nahm es mit einer kindlichen Freude, und die Thränen liefen ihr die schönen Wangen herab, als ich es mir umband, und ihr ver= sprach, dieses Ordensband immer zu tragen. — Ich suchte unter meinen Sachen nach einer Kleinigkeit zum Gegengeschenk. Da fällt mir an einem himmelblauen Bande ein kleines goldenes Herz in die Hände. Fiormona hatte es mir einmal geschenkt in einer süßen Stunde, und es war mir sehr theuer. Ich sehe das junge Weib an, und dann wieder das Band — drehe es in den Händen herum, sehe wieder auf die junge Frau und dann auf das silberne Kreuz. — Es muß ja nicht sein, sagte sie, ich werde Sie doch nicht vergessen! — und will gehen. — Nein! nimm es hin, gutes, liebes Geschöpf, rief, ich auf so einem Herzen wird es nicht entweiht! — Ich band es ihr selbst um, mit einem Gefühl! Kein König kann sich so froh, so reich schätzen, wenn er den glänzendsten Orden an diamantener Kette dem Verdienste umhängt.

Ihre Mutter war eine rechtschaffene Frau, das habe ich aus mancher Erzählung erfahren. Das Kreuz war ihr gewiß sehr lieb; es kam von einer guten Mutter, und die Zeit bringt so etwas dem Herzen näher. Und doch gab sie mir's. Ich konnte ihr nichts Besseres dagegen geben, und was mich freute, war, daß sie das zu fühlen schien, so weit sie's verstehen konnte. Ich wuchere mit Fiormona's Liebe und mit ihren Geschenken. —

Noch kam spät ein armer Winzer zu mir, wie ich eben in's Haus trat. Ein gewaltiger Regenguß hatte neulich einen starken Fluthgraben auf seinen kleinen Weinberg zugeführt, Stock und Holz fortgerissen, und große Löcher gewühlt. Am andern Tag traf ich ihn jammernd bei der Verwüstung. Das könnte er nun allein nicht bestreiten, meinte er, alles in Ordnung zu bringen, dazu gehören viele Tage Arbeit, und wenn er den Fleck für dies Jahr missen solle, möge sich der Himmel sein erbarmen. Ich gab ihm Geld, sich Leute zur Hülfe anzuneh= men, und oben eine Mauer und einen Graben vorzuziehen für künftige Fluthen. Er war vor Freuden außer sich. — Jetzt brachte er mir die Hälfte des Geldes wieder. Er habe gehört, daß ich schon weg wolle, und das Ganze habe er nicht beisam= men. Ich möchte ihm meinen Aufenthalt sagen, in wenigen Wochen wolle er's mir nachschicken. Ich hatte das Ganze schon wieder vergessen, und nie an eine Rückgabe gedacht. Desto größer war jetzt die Freude des ehrlichen Mannes, da ich ihm versicherte: ich habe ihm das damals geschenkt, und hielte es für meine Schuldigkeit, bei solchen Unglücksfällen auszuhelfen. — Wahrlich, wenn die Menschen nur wüßten, wie es oft so leicht ist, anderen das Leben froher und leichter zu machen!

7

Da bin ich wieder von meiner Wallfahrt im Lande umher eingekehrt. Ich wäre gern weiter gegangen, aber ich glaubte Fiormona wieder hier, und die goldenen Tage sind kostbar. Ueber Salern bin ich noch eine Strecke an dem paradiesischen Ufer hingereist, von da nach Benevent und über den Cassino zurück. Wie klopfte mir das Herz, als fern die Thürme von Neapel aufstiegen! Wie schaute ich überall, ob ich nicht meinen alten Vesuv sähe! Meine Seele war immer weit vor mir voraus.

Endlich — ja wohl endlich für meine Sehnsucht — bin ich da. Dort hebt sich Fiormona's Haus aus dem Gebüsch! Friedlich wallt der heimische Rauch in die Luft! O in dem Augenblick war mir des herrlichen Ullisses Empfindung so lebhaft, als er den Rauch seiner geliebten Heimath wieder emporsteigen sah! Langsam reite ich vorüber! Keiner am Fenster! Alles todt! Ich wende mich um's Haus, an der Gartenmauer entlang. Wohlbekannte Zweige wehen auf mich nieder; dort der spiegelhelle Teich, und dort — die hohe Pigne am Eingang der Göttergrotte. Alles so heimlich, so still! Mein Pferd geht mir viel zu schnell; zehnmal sehe ich mich um, wenn Alles längst verschwunden ist. —

Ich kann Dir nicht sagen, wie ich mich freute, wieder meine alte Wohnung zu beziehen. Da ist mir Alles so lieb geworden — es war, als sähe ich einen alten Freund wieder. Ich erfuhr, daß Fiormona's Mutter nach Sorrent gereist sei, sie abzuholen, und man erwarte sie heut oder morgen.

Eben hatte ich mich hingesetzt, um mit mir allein zu sein, und Dir zu schreiben; als ich Deine Briefe erhielt. Wie ge=

legen mir das kam, kann ich Dir nicht sagen; ich wollte mir
nun einen recht frohen Abend machen. Da tritt mein böser
Plagegeist herein — und weg war alle Freude. Sieh da! rief
er, so habe ich doch recht vermuthet. Ich wollte eben gehen,
um zu sehen, ob die Frau von C*** angekommen sei. Da
dachte ich mir, daß Sie auch wohl wieder zurück wären. Fiormona erwarten wir heute oder morgen.

Es lag offenbar Spöttelei in dem Ton und der Compo-
sition. Aber ich nahm das wieder unbefangen hin, erzählte ihm
von meinen Fahrten, wahr und falsch, wie's mir in den Kopf
kam, warf Paradoxen hin, über die er sich kreuzigte und segnete 2c.
Er erzählte mir, daß die Tante in Sorrent die Gefälligkeit
gehabt habe, zu sterben, und Fiormona nun Besitzerin eines
ungeheuren Vermögens sei. — Ich komme auf die Vermuthung,
daß er wirklich in Fiormona verliebt ist. Sonst rühmt er mir
so viel vor von ihrer Schönheit, ihren Talenten; — jetzt scheint
er wahr und wahrhaftig eifersüchtig, und ich seh's ihm an, wie
er sich Gewalt anthut. — Der arme Maulwurf!

Das wär' ein Fang für Sie, Herr Graf, sagte ich
scherzend, und es ging mir durch Mark und Bein, daß ich so
von ihr — selbst im Scherz sprach. Er sah mich an, als
traut' er mir nicht. Endlich wurde er treuherziger. Wenn
nicht Vaterland und Religion wäre, meinte er, so würde er
das nicht von der Hand weisen; so aber wäre daran nicht zu
denken. Und wer weiß, wer schon ihr Herz hat, fügt er hinzu,
und sah mich scharf an. Ich blieb mir gleich, und sagte ihm
eine kleine Schmeichelei, die er für baar hinnahm. — O ihr
verblendeten Menschenköpfe! Aber sie fühlen die Kraft der
Herrlichen und ihre eigene Schwachheit nicht. — Leider scheint

er noch an gar keine Abreise zu denken. Er wird mir noch manche Stunde stehlen. —

Du verlangst wieder Nachrichten über unsere Kunst: hier erhälst Du, was ich davon aufschrieb. Es ist viel darunter, was Dich interessiren wird, besonders über Nationalmusik. Es ist das Resultat aller meiner hier gemachten Erfahrung. Die Noten wirst Du Dir herauslesen, so gut es gehen will. Viel Zeit zum Aufsetzen hatte ich nicht. — Es kränkt mich unendlich — — — — — — —

Hab' ich sie doch wieder! Leb' und web' ich doch wieder in ihrer Sphäre! Mit neuen Banden an sie gekettet, in neuer Wonne der innigsten Vereinigung! O all' ihr Mächte des Himmels, wenn je dies schwache Herz nach solcher Seligkeit sich durch feige Klagen entweiht, über sein Dasein murrt und mit seinem Schicksal hadert, — so löscht auf ewig die Erinnerung an diese Wonne aus, und zeigt mir statt Fiormona's Bild geißelnde Furien!

Ich erzählt' ihr, wie es mir unterdessen ergangen, denn sie will immer von Allem, was mich angeht, genau unterrichtet sein; und wir kamen zuletzt auf den unseligen Grafen. Der Mensch, sagte sie, fürcht' ich, wird mir mit der Zeit lästig werden. Ich merke zu gut, daß er gern näher an mich möchte. So eine Seele, die aus nichts als fremden Schaum besteht, ist mir unleidlich. Auf den Grund kannst Du nie kommen. Sie drückt sich in alle Formen. Und doch darf ich ihn nicht zurückstoßen. Denn ich weiß, daß er, wie alle Schwache, eifer= süchtig ist, und wenn der Wind daher kommt, muß man laviren. Wenn so ein Herr in Eifer gesetzt wird, bohrt er alles, was er sich im Wege glaubt, in den Grund, nur sich selbst nicht. — Wir müssen vorsichtig sein, lieber Carl. —

Ich habe an seinem Secretär oder Gesellschafter, wie er ihn betitelt, einen vernünftigen Menschen gefunden. Ich merke wohl, daß er auch nicht ganz mit dem Grafen harmonirt. Er hat mir noch manchen Beleg zu meinen Urtheilen gegeben. Uebrigens sagt er mir, daß er Fiormona mehrmals voll Entzücken gelobt

habe. Ich bat ihn, wo möglich den Verliebten ein wenig aus=
zuhorchen, um zu sehen, wo er wohl hinauswolle.

Gestern haben wir unser junges Fischerpaar besucht. Die
junge Frau scheint noch gewonnen zu haben: sie blüht, wie
eine Rose. In ihrer Häuslichkeit sind sie so vergnügt, so innig
froh, und die beiden Alten auch, reich und zufrieden mit ihren
kleinen Schätzen. Als Fiormona kam, war lauter Jubel, und
mich setzt die Herzlichkeit immer unter die alten Patriarchen
zurück, wo Adel und Hoheit noch im Herzen wohnte, und unter
den Schatten vor der niedern Thür die Edeln des Volks sich
sammelten, und die Götter und Engel bei der heitern Gast=
freundschaft einkehrten.

Noch voll von diesen frohen Bildern kamen wir am
Pausilipp zum Grabmahl des Dichters, dessen holde Phantasien
aus der Schäferwelt uns umschwebten. Es ist ein reizender,
einziger Anblick über Neapel und den im Abendroth wallenden
Golf, aus diesem Sitz der Ruhe und der dankbaren Erinnerung.
Wir blickten hinüber in die Gegend von Sicilien, wo in
Dorischen Tönen in den Gestaden der liederreiche Theokrit sang.
O goldene Zeit! Schwebtest du je wirklich über den Zauber=
gefilden, oder schuf dich nur eine heitere Dichterphantasie? —
Wenn ihr je wirklich waret, ihr schönen Tage, warum könnt
ihr nicht wieder zurückkehren? — Ihr könnt es, ich fühle das
so wahr, so warm; ihr seid zurückgekehrt, und schwebt in eurer
schönsten Glorie über Fiormona und mir. Es ist nichts Todtes
mehr in der Natur, nichts Lebloses. — Alles hat seine Form,
seine Bestimmung verändert. Tausend Freuden tanzen um die
Welt, tausend Leben strömen durch die Natur. Liebe! Liebe!
die Schöpferin, die Mutter alles Lebendigen führt den jungen
Tag liebevoller herauf, weckt mit Liebe den Frühling, singt

Liebe in dem Liede der Nachtigall, spricht aus jeder Quelle uns
an, rauscht in dem Wehen jedes Hains, führt uns mit dem
Abend in die Einsamkeit der Dryaden und Nymphen, und bildet
uns noch in dem Sternglanz das Bild der Geliebten. —

Der Abendstrahl zitterte sanft in dem wilden Weinlaub
und dem Sinngrün, welches das Denkmal umweht. Die
Erinnerung schwebte freundlich im Schleier der Vorzeit über
der Asche, und die Empfindung wiegte sich gern auf dem An=
denken an den großen Geist. Die Schlummerstätte eines vor-
trefflichen Menschen, die auf Mit= und Nachwelt wirkte, ist
eine Wiege der großen Thaten und hellen Empfindungen. Auch
die Asche wirkt noch so fort um den Lorbeer, der aus ihr un-
verwelklich emporsteigt.

Und wenn nun mit dem letzten entfliehenden Athem Alles schwindet, und der Dinge Verhältnisse in mattes Nichts zurücksinken und alle Bande reißen und abfallen, wie Perlen von einer zerrissenen Schnur; wie wird es dann den belebenden Geist, der über die zertrümmerte Hülle emporschwebt, wie wird es dieser liebenden Seele dann sein? Sinkt denn Alles in Nichts und Nacht zurück, die Niemand enthüllen kann? Trinken wir denn wirklich die Schale aus Lethe's Strom? Ach! es war so eine menschlich schöne Dichtung, wie die alten Helden der Vorwelt ihre Rosse, ihre Waffen, ihre Wagen dort wieder fanden, wie an Elisens Brust Aeneas, in seiner Eurydice Armen Orpheus zurückkehrte, — wie sich Alles, was unter dem Monde durch das Band des Edeln und Großen verbunden war, über dem Monde wiederfinden soll. Es ist so ein süßer Glaube, so eine freundliche Hoffnung, dort wieder anzuknüpfen, wo es hier riß, — eine Wohlthat, die man von der ewigen Liebe so gewiß fordern zu können glaubt. —

Und die man im Gefühl der Liebe, fuhr Fiormona fort, als ewige Wahrheit betrachtet, die sich auf diese umfassende Vereinigung, auf diese ineinanderschmelzende Empfindung fest wie auf Felsen baut. — Und doch — mein Theurer — mir ist es feste Ueberzeugung, wir werden uns jenseits nicht wieder sehen, nicht wieder erkennen. —

Du weißt, daß wir oft über diesen Punkt gesprochen haben, lieber Franz. Meine Vernunft sträubte sich gegen meinen Wunsch, und ich hielt meine Hoffnung am Ende immer, wie ein verzärteltes Kind in der begünstigenden Dämmerung des

Glaubens vor dem Sonnenschein der Vernunft. Es giebt
Stimmungen, in denen man viel zarter und feiner fühlt, wo
jede Nerve vor einem unsanften Hauch erbebt; und das war
diesmal mein Fall. Es war der Griff einer Riesenhand, den
Fiormona in das zarte Gebäude meines Glaubens that. Ob
ich mich wohl nicht entsann, kürzlich meine Seele an den Gedanken einer künftigen Wiedervereinigung gelabt zu haben, —
die Gegenwart ließ mir zu der translunarischen Schwärmerei
keine Zeit — so flüsterte mir doch jetzt, da ich auf den Gedanken
geleitet ward, sogleich die Liebe den Wunsch ein, den die Hoffnung schmeichelnd unterstützte. —

Ich fuhr unwillkürlich zusammen, und hatte vergessen, daß
ich schon sonst etwas Aehnliches gedacht, und in Augenblicken der
hellen Vernunft geglaubt hatte. — Wie, auch Du? sprach ich.
Ach! ich kann den süßen Trost noch nicht aufgeben. Nein, wir
werden uns wiedersehen, rief ich mit aller Stärke Werthers,
und drückte ihre Hand fest an mein Herz, und blickte ihr starr
in's Auge, wir werden uns wieder finden, unter allen Gestalten
werden wir uns erkennen.

Wenn ich Dich nicht kennen würde, sagte sie lächelnd, so
möchte ich mir wahrlich Vorwürfe machen, Dir vielleicht einen
Stab zu zerbrechen, auf den sich die arme kurzsichtige Menschheit
so gern lehnt. Ich gestehe wohl, daß der Wunsch so natürlich
ist, sich dort wieder zu sehen und wieder zu erkennen, als der
Wunsch der Fortdauer selbst; ja, daß für Viele die Fortdauer
nach dem Tode unendlich im Preise fallen würde, ohne diese
Wiedervereinigung. Ich bin fest der Meinung, daß man diese
tröstende Lehre der Menge ja nicht verdächtig machen muß; ich
würde selbst Alles thun, sie fortzupflanzen; denn es giebt Augenblicke im Leben, wo, wenn aller Trost schwindet, dieser freund-

liche Engel allein über der offenen Gruft schwebt, und mit siegendem Triumph im Blicke gen Himmel zeigt. Die Menschheit würde oft dem Schmerz erliegen, wenn dieser Anker sie nicht hielte, und es freut mich, daß die Dichter sich dieser Hoffnung angenommen haben, und die Phantasie mit bunten Farben die Aussicht gemalt hat. Aber, — mein Theurer, — daß es nicht für Alle diese Kraft hat, daß nicht Alle dieser freundlichen Aussicht bedürfen, um in den schmerzlichsten Trennungen nicht zu verzweifeln und zu sinken, das brauche ich Deinem Kopf und Deinem Herzen nicht zu sagen. — Nimm mein Beispiel, wenn Du willst. Von Jugend auf hatte ich diesen Glauben eingesogen, und meine Einbildungskraft fand oft Gelegenheit, den bunten Himmel des Wiedersehens sich nach Belieben auszumalen. Ich ging so weit, daß ich meine Vögel, die mir starben, dort wieder zu finden glaubte; und so kindisch der Gedanke scheint, so ist er es vielleicht nicht mehr, als die Hoffnung, meinem Vater, meine Schwester dort wieder in die Arme zu fliegen. Die Maler hatten denn auch ihr Bestes gethan, meiner Phantasie aufzuhelfen, und ich spielte denn oft in wachen Träumen unter Engeln, denen ich meiner Schwester und Gespielinnen Gestalt gab. Nachher, da mit der Kindheit so mancher Traum verflog, da ich über Bestimmung und Wesen der Menschen, über Gottheit ꝛc. richtigere Begriffe sammelte, erhoben sich auch Zweifel gegen meine Vorstellungen von der Zukunft. Ich läugne es nicht, daß sich mein Herz sträubte, und sich der Vernunft gern verschließen wollte, aber nach wiederholtem Kampf fiel doch endlich das Resultat dahin aus, daß ich alle meine Wünsche und Hoffnungen in das Reich täuschender Phantasieen verweisen mußte.

Wiedererkennen ohne Erinnerung, sah ich wohl, ließ sich nicht denken. Und doch war gar zu viel, was gegen eine Erinnerung jenseit des Grabes stritt. Schon die Erfahrung, daß diese Kraft der Seele so ganz von sinnlichen Eindrücken abhängt, daß sie so sehr körperlich zu sein scheint, und mit dem Alter ganz verschwindet, ließ mich glauben, daß sie da, wo wir nichts von unserm Körper mit hinnähmen, aufhören müsse. Sodann sollte sie wirklich fortdauern, auf welche Gegenstände, sollte sie sich erstrecken? Wenn wir von dieser Welt abtreten, wie viel wissen wir dennoch aus unserem Leben, wie viel ist nicht schon in dämmernde Schatten gehüllt, wie viel nicht schon ganz verschwunden? Sollen wir nur die Erinnerung an Hauptbegebenheiten mit hinüber nehmen. Wie ist das möglich, und welche sind die? Und dann endlich, wozu das? Zu unserm Vergnügen doch nicht — diese Kinderträume, aus Verhältnissen, die zerrissen sind? — Ich sehe tausend Widersprüche, Aufwand ohne Zweck, Schwierigkeit ohne Absicht! Wie aber, bedürfen wir nicht einer Erinnerung, wenn das künftige Leben Fortsetzung des gegenwärtigen sein, und Bezug auf das gegenwärtige haben soll? Wenn der Rechtschaffene dort vor dem Bösewicht verdienten Lohn — wir wollen die reinsten Begriffe nehmen — in seinem Gewissen finden soll? — Es könnte so scheinen nach menschlichen Begriffen, ist aber gewiß nicht so. Was wir mit hinüber nehmen, ist der Totaleindruck, die Summe von der Vervollkommnung, die wir uns in diesem Leben erwarben. Wir wissen wenig mehr von den Begebenheiten unserer frühsten Jugend, aber es ist unläugbar, daß wir jenen Vorfällen so viele Begriffe und Empfindungen verdanken, die uns bis jetzt noch geblieben sind. Eben so wird es auch nach meiner Idee mit der Summe der Vorstellungen sein, die uns dort aus diesem Leben bleibt, und

so haben wir gar keiner Erinnerung nöthig. Fällt aber diese
weg, müssen wir diese mit gutem Grunde verwerfen, so siehst
Du wohl, daß auch das Wiederfinden und Wiedererkennen un=
möglich ist. —

Und ist es denn wirklich so wünschenswerth? Ist es denn
ein Glaube, der — sollte er uns geraubt werden, unsere Thränen
verdient? — Ich denke, wir haben schon tröstendere Gründe
am Sarge dessen, was uns das Theuerste war, Beruhigungen,
bei denen wir unsere Hoffnung nicht auf eine ungewisse Zukunft
verweisen dürfen. Wenn wir auf den Grund unseres Schmerzes
zurückgehen, wie viel Eigennütziges, Körperliches mischt sich damit
ein, wie vieles erregt unsere Sehnsucht, was mit diesem Leben
nothwendig aufhören wird! Schon hier sehen wir, daß der
lauteste Schmerz über Verlust vor der tröstenden Zeit verstummt,
daß der Geliebte, der jetzt am Grabe der Braut laut jammernd
sein Leben kaum ertragen zu können scheint — schon nach wenig
Jahren in anderen Armen Schmerz und Thränen vergißt. —
Die wohlthätige Natur hat schon dafür gesorgt, daß ein ewiger
Wechsel uns oft das Verlorene wieder ersetzt, immer es uns
vergessen läßt, oder in die sanften Schatten der Wehmuth hüllt.
Wollen wir aber auch der höheren Liebe und reineren Freund=
schaft, deren nur wenige fähig sind, das Loos der Vergänglichkeit
nicht zuwerfen: es ist ein großer Gedanke, der sich weit über
das Kleinliche erhebt, daß Geister, die sich hier innig umfaßten,
auch dort sich umfassen werden, — gut, so laß uns ein wenig
schwärmen und muthmaßen. Ich lese in Deinem Blicke, aus
dem Deine ganze Seele spricht, Du möchtest die meine nicht
gern auf immer verlieren. Wohl, mein Lieber, können sich dort
nicht unsere Geister so gut wieder in einander spiegeln, ohne zu
wissen und zu ahnen, daß sie es einst schon thaten? Wie?

Haben wir uns vielleicht nicht schon in einem vergangenen Leben zusammen gefunden, ohne bei dieser neuen Vereinigung etwas davon zu ahnen? Das Edle und Vortreffliche erkennt sich über- all; der Strahl der Schönheit in seinen verschiedenen Farben ist nur Einer, und die Sonne der Vollkommenheit faßt sie alle zusammen. — Laß diese unsere innige Freundschaft in diesem Moment durch den Tod oder das Schicksal auf immer getrennt sein, — meinst Du, das sei eine verlorne Blüthe in dem großen Kranze der Liebe, wenn sie dort nicht weiter reife? — Nimmer- mehr! Laß mit diesem Augenblick die Vergessenheit auslöschen, was wir einander waren; den Schatz von Lieb und Wahrheit, den wir aus der Vereinigung unserer Seelen sammelten, kann uns keine Vergessenheit rauben, und Fiormona wirkt in Dir fort, wenn Du auch nie wieder ihren Namen nennst, nie einem sichtbaren oder unsichtbaren Theil ihrer selbst begegnest. Darum weg, mein Lieber, mit den kleinlichen Ideen, die so armselig nach den Bedürfnissen dieses Körpers und den Verhältnissen dieser Erde gemodelt sind; laß uns zu größeren, der Gottheit würdigeren Ideen aufschweben. Wir gehen nicht verloren, und keine Blüthe unsers Geistes, die sich am Sonnenstrahl unserer Liebe wärmte, verwelkt. Unser Zusammentreffen hier ist eine Erscheinung in den großen Reichen unserer Erziehung — sie geht vorüber, wie Alles; hat uns eine Weile hier große Freude gemacht, unsere Thränen fließen, wenn sie dahin ist, und wir sehen unter den Zähren das Geschenk nicht, was uns der ver- schwindende Genius hinterläßt. So treffen wir vielleicht, uns unbekannt, unter ganz anderen Formen nach Jahrtausenden wieder zusammen; freuen uns wieder, gehen wieder dahin, klagen und ernten wieder. — Doch — was ist der Mensch für ein Kind, daß er die Zukunft erspähen will. Blindlings werden

wir geleitet am Faden eines gütigen Schicksals, laß uns ver=
trauend folgen, und durch unzeitiges Grübeln nicht die Freude
der Gegenwart verscherzen. Haben wir uns doch jetzt —
können wir doch einst sagen, wir haben uns gehabt! —

Und die himmlische Lehrerin fiel mir um den Hals, und
küßte mir das ganze Entzücken der Gegenwart in's Herz.

Was das für Menschen sind! Wie sie einem durch ihren Dank jede Handlung, deren man sich gerade nicht schämen darf, verleiden! Was das für Menschen sind! Und der Graf — ich fürchte jetzt mehr. —

Laß Dir erzählen: Wir machen neulich eine Spazierfahrt zu Wasser. Der Graf, wie er denn jetzt fast täglicher Gesellschafter ist, — war mit uns, steht vorn an der Spitze, ein Fernrohr in der Hand, und sieht nach Ischia hin. Er mag sich zu ungewiß stellen, zu weit vor, weiß Gott! wie er's angefangen hat, — genug, er verliert die Balance, und stürzt in's Wasser, und gleich weg, daß nichts mehr zu sehen ist. Ich springe zu, und da ich gut tauchen kann, werf' ich meinen Rock von mir, fasse ein Thau und lasse mich hinunter. In wenigen Augenblicken bring ich ihn halbtodt bei den Haaren herauf, wo mir die Schiffer zu Hülfe kamen.

Die erste Bestürzung war vorüber, wir am Lande und im Trocknen. Ich kleide mich um, und gehe dann wieder zur Gesellschaft. Da sah mich nun Alles an, als ob ich ein anderer Mensch geworden sei, und des Lobpreisens und Danksagens war kein Ende. Und wo ich nur ein bekanntes Gesicht treffe, da geht es von Neuem an. Ich stehe dabei, wie ein armer Sünder, dem sein Schuldenregister vorgelesen wird, und wünsche, der Graf wär' ein andermal in's Wasser gefallen.

Fiormona fühlte das Peinliche meiner Lage wohl; sie war die Einzige, die mir nichts darüber sagte, außer gestern. Anfangs war mir der Vorfall lieb, sprach sie, wegen Eures Verhältnisses. Aber — ich glaube, der Mensch ist nicht gern schuldig, und das erbittert, wenn ich diese Art recht kenne, noch mehr. — Und es scheint, sie hat wieder richtig durchgeblickt.

Dem Grafen hatte der Schreck und das nasse Element ein Fieber zugezogen. Ich scheute mich vor seinen Danksagungen, und ging erst gestern zu ihm. Er war ziemlich wieder hergestellt. Ich merkte, daß ihm der Dank sehr schwer von Herzen ging, und las eine Art bitterer Beschämung deutlich in seinem Auge. Er hätte mir und sich die Mühe ersparen können. — Sein Secretär begleitete mich. Er spielt eine treffliche Violine, und ist oft im C**ttischen Hause. Er erzählte mir, daß, so oft er während der Unpäßlichkeit des Grafen dort gewesen sei, sich dieser sehr genau erkundigt habe, ob er mich dort getroffen, sogar einmal, ob ich länger da geblieben sei, und dann habe er immer bei den Antworten viel Unruhe verrathen. Ich glaube, setzte er hinzu, der arme Herr ist mächtig verliebt, und fürchtet in Ihnen einen, der ihm den Rang abläuft. Ich lachte laut auf, und scherzte darüber, als glaubt' ich nichts von dem. Aber er versicherte es mich ernstlich, und will mir nächstens mehrere Beweise geben. Die will ich denn abwarten. Ich bin darüber ganz ruhig, nur Eins gefällt mir nicht. Ich erzählte Fiormonen das, und sie sank wieder sichtbar in ernstes Nachdenken, läugnete mir aber, daß sie irgend etwas Bedenkliches dabei sähe.

Es ist ein immerblühendes Paradies, dieses Fleckchen der Erde, und außer dem schönen Jonien und dem lebendigen Archipelagus denke ich mir kein reizenderes. Hier drängt ein liebliches Wunder der Natur das andere, und die Zeugen der alten Kunst aus der Vorwelt liegen majestätisch darunter her.

Fiormana's Onkel gebraucht die Bäder; und wir sind schon so an einander gewöhnt, daß er mich beredete, mit zu gehen, und das nahm ich denn herzlich gern an. Morgen, hör' ich, will der Graf uns folgen. Glücklicherweise haben wir unser Quartier so gewählt, daß ich leicht und unbemerkt zu Fiormona kommen kann. Außerdem ist man hier über den strengen Wohlstand noch mehr weg, und diese Freiheit ist das Element unserer Liebe!

Das jetzige Bajä ist bei weitem das alte nicht mehr. Das Emporsteigen des Monte Nuovo hat den schönen Lukrinersee zum Theil verschüttet, und die Gegend leidet unendlich durch die Ausdünstungen aus den Sümpfen. In den heißesten Monaten ist es hier fast unerträglich. Dennoch hat die Natur auch hier etwas Entzückendes, da man das lebendige Meer unendlich vor sich sieht, und dessen großer Anblick, so einfach er ist, doch nimmer ermüdet.

Vorgestern und gestern habe ich noch einige schöne Partieen mit Fiormona gemacht. Den ersten Mai feierten wir am Pausilipp unter allen Entzücken des Frühlings. Eine der frappantesten Wirkungen bringt die ungeheure Grotte hervor. Wenn man so aus dem blendenden Licht in die Dunkelheit hineingeht, und sich in stygischen Abgründen glaubt, wo nur die Fackeln die ungeheuren Felsmassen schauerlich beleuchten, und nun mit einmal

wieder aus der Nacht heraustritt, und die rings im Sonnen-
schein lachende Gegend, das elysische Thal, und den lebendigen
Golf in's Auge faßt — das ist ein überraschender, ein einziger
Anblick.

Gestern machten wir eine Fahrt nach dem Averner See,
denn Fiormona wollte mir die Gegenden zeigen, von denen
Virgil die Beschreibung des Eingangs zur Unterwelt nahm.
Jetzt ist die Gegend lachender, und es würde schwerlich die
Fahrt ins Schattenreich dahin verlegt werden. Indeß kann
man sich wohl in jene Zeiten denken, wo ein grausiges Dunkel
der Wälder umherschattete, und stygische Düfte des Avernus
aus den Sümpfen emporstiegen. Ich stand vor der Höhle der
Kumäischen Sibylle. Ich sah die *lati aditus centum! ostia
centum!* glaubte das: *Deus! ecce, Deus!* zu vernehmen, und
dachte mir den goldenen Zweig, den der ganze Hain deckte.

Hier in Bajä überschleicht mich manchmal eine traurige
Empfindung, wenn ich mir die alte Herrlichkeit denke, die sich
auf den Schwellen der Freiheit gründete. Im Geist eil' ich
dann zurück auf's Kapitol, und überschaue den Kreis der ge-
bieterischen Größe, und wie von der Königin der Welt dann
die Weisen und Helden und Staatsmänner nach diesem Meere
herabstiegen, ihren Ernst abzulegen und in frohen Kreisen wieder
Kraft und Heiterkeit zu sammeln. Ein düsterer Flor überzieht
mir dann die lachende Gegend; ich muß von den Menschen weg,
und hinaus in's Einsame, wo ich mich in die Zeit früherer
Größe zurückträumen kann. Da geh ich dann manchmal einsam
mit Fiormona hin, der oft die Wange röther glüht, wenn sie
die Jahrhunderte der Freiheit denkt, und die Ketten um sich
klirren hört, und wir schwärmen zurück zu den heiteren Griechen
oder den großherzigen Römern. Das ist Dir eine himmlische

Luft, die edle Enkelin der Scipionen und Metelle von den Zeiten ihrer Urväter sprechen zu hören. Man muß ihr folgen, so bezaubernd reißt sie mit sich fort; die Vorwelt steht wieder da, und eine heilige Ehrfurcht ergreift einen in den Ruinen, als stünden die seligen Heroen umher auf, ihrer würdigen Tochter zu erscheinen, und mit Entzücken an der himmlischen Priesterin sich zu weiden.

————

Da lieg ich manchmal am Hang eines grünen Hügels, der rauschende Bach unter mir, und über mir die flüsternden Platanen — und lese mir laut etwas, und ergötze mich an dem englischen Wohlklang dieser Sprache, auf deren Tönen Petrarch wie ein melodischer Schwan einherschwebte. Nein! darüber geht nichts, über den Wohllaut, über das Schweben und Steigen und Niedersenken! Wenn Du nur Dein Ohr fragst, und Fiormona's Silberstimme tönt Dir eine Ode von ihm vor, wie Engelharmonie aus purpurnen Gewölk — Du wirfst alle übrigen Zeichen der Gedanken, alles hölzerne Geklapper jeder anderen Sprache weg, und senkst Dich ganz in diese Harmonieen. Ich bin überzeugt, daß ein Wilder, der Tage lang diese sonorischen Töne von einer reinen hellen Stimme sprechen oder singen hörte, auch, ohne etwas davon zu verstehen, seine rauhe Seele in Milde umgeschmolzen fühlen müßte. So müssen die Orphischen Töne gewesen sein, so denke ich mir den Gesang, von dessen Zauber Virgil sagt:

Mulcentem tigres, et agentem carmine quercus!

Und nun ihre melodische starke Stimme dazu, hell und geschmeidig und rein, und jeder Ton recht aus dem Herzen gesungen! Es ist eine Sirene; sie kann mit einem machen, was sie will, in Sturm und wilde Schlacht hinausjagen, und den Zorn und Wildheit an unzerreißbare Ketten legen. Wenn die Muse der Harmonie vom Himmel stiege, und sich eine Schwester wählte, so rief sie diese Sprache und diese Sängerin.

Es ist doch eine himmlische Sache, sagt Fiormona oft,
um die Dichtkunst! — Ja wohl es ist eine himmlische Sache!
Ich hänge mit ganzer Seele an dieser göttlichen Gabe, und
manchmal ist's, als wenn der Geist über mich käme, und diese
große Empfindung sich in große Worte ergießen müßte. — Weinen
möcht' ich, bittere Thränen weinen, daß das Vortreffliche so
verkannt wird, und jetzt so wenig der Geweihten sind, die den
elysischen Tönen lauschen. Eine allerliebste Zeit, die unsrige!
Wahrhaftig, diese große Lehrerin der Menschen, diese Pflegerin
alles Großen und Schönen, so anzusehen, wie einen eitlen
Zeitvertreiber, und mit ihr zu tändeln, wie mit einer Koket=
ten! O die Sclaven, die Verworfenen, welche in ihrem ver=
schrumpften Sinn keine Faser mehr haben, die für Größe und
Freiheit erbeben kann. Aber so will es unsere Politik und
anders ist's nicht möglich.

Der Dichter muß ein großer, vorzüglicher Mensch sein,
von weiter und scharfer Beurtheilungskraft, starker Fühlbarkeit,
und großer Lebhaftigkeit der Phantasie; aber im Besitz dieser
Eigenschaften kann er auch mehr als ein König und ein Heer
von Tausenden. Wo ist der Mensch, der so wie er die geheimsten
Pfade zum innersten Sitz der Seele kennt? Unter welchen Ge=
stalten schleicht sich nicht dieser Proteus zur Wiege des menschli=
chen Willens? Wer macht sich mit der Allmacht Meister vom
menschlichen Herzen? Wer hat die Zügel, womit er die Leiden=
schaft spornt und zurückhält, in so sicherer Hand? Lehrer und
Wohlthäter seiner Nation wird er es allen Nationen, allen
Welttheilen, allen Jahrhunderten. Er hält die Wage der Ge=
rechtigkeit und den Kranz des Verdienstes, vor ihm erscheint
nur das wahrhaft Große groß, das Kleine im Schimmer der
Größe verfliegt wie Spreu, er wägt Tugend und große That

recht, und schätzt nach ewiger Wahrheit, er der Schüler und Liebling Asträa's. Nur würdige Stirnen umkränzt er mit dem Zweige, der nimmer welkt, und weckt nach Jahrtausenden die besungene That im begeisterten Enkel wieder auf. Alle Tugenden des geselligen Lebens, alle Grazien gesitteter Gesellschaft schweben auf seinen Tönen, und beleben die Hörer. Bei seinem Liede stärkt sich die Empfindung, enthüllt sich das schlummernde Gefühl, und gedeiht jede Blüthe der milden Menschlichkeit. Auf der süßen Melodie in einander fassender Töne findet das Edle offenen Eingang zum Herzen, und die Wahrheit in hellen, lieblichen Bildern scheint wie Frühlingssonne in die Seele. — Es ließe sich noch viel darüber sagen, und was die heilige Dichtkunst sein sollte, findest Du in mancher Theorie recht fein auseinander gesetzt, aber in der Wirklichkeit, mein Lieber — in der Wirklichkeit? — Da mußt Du wieder zu unseren Griechen zurückgehen, wenn Du das Große sehen willst, wozu die menschliche Natur fähig ist, wenn sie von dieser göttlichsten aller Künste erhoben wird. Das waren noch Menschen, auf die sie ihre Kraft äußerte, und das noch Dichter, die den Lorbeer verdienten, den ihnen die dankbare Nation um's Haupt wand. Söhne der Götter waren sie, Lieblinge des Apoll, und zu den glücklichen Menschen mit den himmlischen Gaben wallten mit Opfern die Völker, die die Kraft und Wirkung dieser Kunst erkannten. — Jetzt ist sie wieder gen Himmel geflohen, und wir sehen ihr nach, wie Kinder dem schönen Licht, das über den abendlichen Sternenhimmel flog. In heimlicher Grotte besucht sie wohl noch manchmal einen Dichter, dem reines Feuer im Busen glüht, aber wie wenig sind der Ohren und Herzen, die ihn vernehmen und fassen? — Das ist nun dahin, und wird unter dieser Constellation nicht wieder kommen. Die falsche Politik hat die Mutter über die

Grenze gejagt, und erstickt die Kinder in der Wiege, läßt sie vor den Thüren verhungern, oder unterbindet mit vergoldeten Bändern die Saiten, daß sie nicht rein tönen, oder so wie die Verführerin es will. Wo freilich einseitiger Vortheil herrscht, und es klug ist, Wahrheit, Größe und Freiheit zu unterdrücken, da ist das Vaterland und die Heimath der Göttin nicht. — Aber ich mag nichts mehr davon sagen; die Bitterkeit läuft mir durch alle Glieder, und es wird doch nicht anders. Fiormona tröstet mich oft, wenn ich in Eifer gerathe — Sie hofft jetzt von Westen Erlösung und — — — — — — —

Ich habe einen scharfen Argus an dem Grafen. Keinen Blick läßt er passiren! Wären die Nächte nicht, so verdürbe er mir alle Freude, und ich müßte auf etwas Anderes denken. Wie unser Schatten schleicht er uns nach. — Und Fiormona sagt: ich möchte den Menschen nicht einmal zu meinem Schatten haben!

Es ist klar und deutlich. Er hat Absichten auf sie. Und wie elend er das anfängt, was das für erbärmliche Künste sind! Einfältiger Jäger, so fängst Du kein freies Wild!

Auch Hermann*) sagt mir, daß er alle Symptome einer heftigen Leidenschaft an ihm bemerke. Er hat sich manchmal verbrannt, sagte er, aber so arg ist's nicht gewesen. Wenn es nach ihm ginge, so brächte er einen Neapolitanischen Nobili in seinen gepflickten Stammbaum. — Neulich haben sie von dem Unfall des Grafen auf dem Golf gesprochen, und als Hermann meine Geistesgegenwart gerühmt hat, antwortete er: es wären Schiffer genug dagewesen, er würde auch ohne mich gerettet sein; zudem habe ich mich am Thau gehalten, und also sei für mich keine Gefahr gewesen. — Pfui! wie klein, wie niedrig! Und was mir leid thut — wenn mir von solch' einer elenden Seele noch etwas leid thun kann — daß er mich zu hassen scheint, und ich das wahrlich um ihn nicht verdient habe. — Fiormona sah also richtig, und gewiß liegt Eifersucht dahinter, und das beschämende Gefühl, daß sie mich höher achten muß, als ihn, und er mit all' seinem Prunk keinen freundschaftlichen

---

*) Ich darf wohl nicht erst erinnern, daß dieser Name nicht der wahre ist. D. H.

Blick von ihr erschmeicheln kann. — Wenn er nur gehen wollte der überflüssige Narr! Aber da ist er, wie angebannt mit aller seiner Thorheit.

Fiormona machte mich neulich mit einer Frau bekannt, die mich sehr interessirte, und seitdem mein ganzes Mitleiden hat. Sie hat viel Geist und den zweideutigen Vorzug eines gefühlvollen Herzens äußerst theuer bezahlt. Sie ist sehr unglücklich verheirathet. Ein rauher, stolzer Mensch, ganz Handelsmann, in dem die Zahlen alles Uebrige erstickt haben! — Sie mag ihn so wenig leiden, als er sie, keins ist beim Andern glücklich. Stilles Tragen, weibliche himmlische Duldsamkeit und Sanftmuth beim tiefsten Gefühl ihres Unglücks von ihrer Seite, Trotz, Fühllosigkeit, Herrschsucht von seiner. Er überhängt sie nach seiner albernen Eitelkeit über und über mit Putz, und die verhaßten Geschenke muß sie tragen, vor den Leuten ein Aushängezettel des gefälligen Eheherrn. Bei Tage kann er sie kaum vor Augen sehen, und doch braucht er sie des Nachts wie ein erkauftes Meubel. Das muß eine Höllenqual sein, in den Armen dieses Satirs zu liegen, da müssen alle seinen Spitzen der Wollust, die das innerste Gefühl berühren, abgenickt sein, und die zarte Seele muß die thierische Vereinigung wie Pest anekeln. Die Menschen wären so gern von einander, und das hat nun die heilige Politik verriegelt. Und ließe sich der Kerker auch sprengen, sieh'! so steht wieder der Geiz da, der dem unseligen Rechnungsmenschen ins Ohr schreit: Du mußt ihr Eingebrachtes herausgeben! Und wollte sie auch das elende Metall in den Wucherhänden lassen, und glücklicher in ihrer Armuth dahin gehen, sieh'! so verrennen ihr wieder die theuren Anverwandten, Onkels, Tanten, Basen, Vettern, Muhmen, und weiß Gott, wie die Legion erbender Geschöpfe heißt, den Weg

— und das arme Weib ist und bleibt gefangen, wenn sie nicht über ihre Ehre wegspringen, und eine Landläuferin werden, und wohl gar der heiligen Justiz in die Klauen fallen will! Und das himmlische Geschöpf. — Es ist zum toll werden, sage ich Dir, und ich muß fürchterlich an mich halten, daß ich zu Lob und Preis dieser bürgerlichen Glückseligkeitsinquisition nicht öffentliche Standreden halte.

Dabei fällt's denn manchmal wie Schwertschlag auf mich nieder: wie wenn das einmal auch Fiormona's Loos wäre? — Aber dann habe ich keine Gesetze mehr, in meiner Faust ist dann mein Recht, und auf meiner Degenspitze meine Befugniß.

Wir thun, was wir können, dem leidenden Weibe aufzu= helfen, und Fiormona geht auch darin über alle Begriffe. Die Unglückliche fühlt das, und schließt sich immer fester an den tröstenden Engel an. Ich sitze manchmal dabei, verloren in den einzigen Anblick und die milden Tröstungen, die sie um sich aufblühen läßt, wie Frühlingsblumen, und das Herz ist mir so gepreßt, so voll! — — —

Wie sich so ein verwegener Tantalus nur einfallen lassen
kann, seine Hände nach dem Ambrosia der Göttertafel auszu-
strecken! Und doch ist's bei ihm nur die Schale des Kerns,
die er liebt, nicht der Kern selbst. Denn wenn er auch nur
ein Fünkchen von dem heiligen Feuer fühlte, wahrlich! er könnte
sich's gar nicht träumen lassen, aus seinen Sümpfen das Maul-
wurfsauge zu der Sonne zu erheben. — Jetzt aber ist er wacker
d'rauf und d'ran, und jagt von allen Seiten, indeß das edle
Wild ruhig seinen Gang fortgeht, und sich um sein Gebell, sein
Horn und seine Peitsche nicht kümmert. — Ich sehe einen förm-
lichen Sturm kommen, sagte sie; aber ich habe meine Maß-
regeln genommen.

Wenn ich nicht sehr irre, so geht doch der Schelm etwas
weit, und treibt ein schlechtes Handwerk. Er nistet sich bei
Oheim und Mutter ein, und saugt sich fest an, wie ein Igel.
Dabei scheint er sich auf's Klatschen und Verläumden zu legen,
und sticht von hinten her. Fiormona glaubt es auch, nur will sie
mich damit nicht aufbringen. Ueberdem bringt man jetzt un-
gewöhnlich heftig auf ihre Verbindung, und da vorzüglich zwei
Menschen sich um sie bewerben, von denen der eine auch hier
ist, so giebt sie nur vor, daß sie noch nicht entschlossen sei, welchen sie wählen möchte; jedoch würde sie sich nächstens er-
klären. Beides sind ein paar Männer, die nicht zu verachten
sind, aber für Fiormona freilich —! Indeß — Du kennst
ihre Resignation, und der eine ist so ganz leidlich, wie's denn
auf der Welt mehr der Leidlichen giebt. Ich bewundere dabei
mehr ihre feine Klugheit, wie sie in diesem Vaterlande der Eifer-

sucht uns drei in einem so guten Vernehmen erhält. Das ist das größte Kunststück kluger Weiber. Nur mit dem Grafen ist nichts anzufangen. Aber an dem Menschen verlohnt sich's auch nicht der Mühe. Noch beugt sie mir immer aus, wenn ich davon spreche, aber nächstens wird es denn doch sein müssen. Nächstens? — Ich mache mich so viel ich kann, mit dem Gedanken vertraut, aber er ist mir noch immer eine Gespenstererscheinung.

Gestern war der arme Graf in großen Aengsten. Das Gespräch fiel auf ungleiche Heirathen, und da wir mit ihm allein waren, machte sich Fiormona das Vergnügen, über die Mesalliancen recht aus voller Seele zu sprechen, natürlich nach so richtigen philosophischen Grundsätzen, daß dem ablichen Wicht darüber das bischen Vernunft noch vollends ausging. Er sah mich an, als wollte er mich durchbohren, und um das Uebel nicht ärger zu machen, und ihn in seinen Vermuthungen zu bestärken, hielt ich, so viel es möglich war, die Gegenpartie. Das reduzirte sich denn natürlich auf unsere jetzige Convenienz, vor der man doch nun einmal Achtung haben müsse u. s. w. Sie hatte die kleine Bosheit, diese Convenienz und alle geerbten Vorzüge über den Haufen zu werfen. Das hätte sie nicht thun sollen; denn ich hörte nachher von Hermann, daß er den Alten das ganze Gespräch warm wieder zugetragen habe. — Mit diesem Hermann werde ich immer vertrauter. Es ist ein heller Kopf, ein wenig kalt, aber ausdauernd und treu. — Er wäre gern vom Grafen los, und so sehr es ihm in dieser herrlichen Welt behagt, so sehnt er sich doch nach seinem Vaterlande, um nur mit guter Manier loszukommen.

Es ist richtig. Er hat seinen Antrag gemacht. Ich sehe ein Wetter heraufziehen, das nun entscheiden muß; es bleibt ihr kein drittes!

Wir überlegten neulich die Sache ernstlich, denn ihre Mutter hatte ihr merken lassen, daß sie es nicht allzu gerne sähe, wenn sie auszeichnend mit mir umginge; zwar sehr fein und gelinde, aber so, daß man merkte, von wannen es kam. Sie hatte nun noch nicht Lust, sich von mir zu trennen, zumal um solch' eines Laffen willen; und gab daher nach, als ich sie bat, freundlicher mit ihm umzugehen, und sich den kleinen Zwang anzuthun; sonst hätten wir keine Ruhe vor ihm, und es fänden sich doch Zeiten, wo wir uns ganz genießen könnten. Das that sie denn, und wir glaubten so unsere Sachen wunderschön gemacht zu haben. Aber wie's denn immer geht, daß man sich mit Thoren verrechnet, wenn man nicht selbst ein Thor ist, — so nahm auch hier der eitle Narr das für blanke Münze, stieg bei dem ersten freundlichen Gesicht bis in den siebenten Himmel, und — denke Dir — rennt wahrhaftig gleich zu dem Onkel, und von da zur Mutter, und stottert eine förmliche Anhaltung her. Das hab' ich heute von Hermann, denn in seiner stolzen Freude hat er nicht schweigen können. — So viel weiß ich auch, daß er mit aller Höflichkeit aufgenommen worden ist, und heute Fiormona, an die man ihn wahrscheinlich verwiesen, allein gesprochen hat. — Wir sahen uns heute gegen Abend, aber in zahlreicher Gesellschaft. Sie konnte einen tieferen Ernst nicht unterdrücken, und als sie mir die flüchtigen Worte zuflüsterte: heute gegen Mitternacht! sah sie mich mit bedeutendem, verweilendem Blick

an. — Ich bebe vor dieser Mitternacht. Ist es vielleicht die
letzte in ihren Armen? — O Gott! — Aber auch dann Muth,
mein Herz, Muth! damit du ihrer würdig werdest. — Ich will
jetzt noch hinaus unter die zerstörte Herrlichkeit, und meine
Seele an der vergänglichen Größe stärken.

———————

Den 23. Mai.

Laß mich nicht unterliegen, heilige, reine Liebe! Gieß' allen Muth über mich, daß ich den Kampf männlich bestehe. Mein Wille ist untadelig; mache meine Kraft ihm gleich. —

Lebe ich denn noch nach dieser Nacht der Wonne und des Wehs? Alles ist um mich anders! — Und doch nicht anders in mir. Ich wußte ja das, ich sah ja das vom ersten Augenblick voraus!

„Ich hoffe nicht, daß Du mich getäuscht hast, und jetzt in dem entscheidenden Augenblick mich vor der Welt — und was unendlich mehr ist — vor meinem Herzen zu Schanden machen wirst, sprach sie. Wolltest Du den Gedanken ertragen, daß ich mich Deiner Liebe schämen, und meine Liebe — alle die seligen Augenblicke, alle die himmlischen Gefühle — verfluchen müßte?" —

Nein! das ertrag' ich nicht! Ich halte, was ich schwur! Nur so kann ich Deines hohen Geistes werth werden, nur so Deiner Liebe mich freuen, kein Unwürdiger!

Der Graf hat ihr denn wirklich gestern den Antrag gemacht. Da ihr weder Onkel noch Mutter vorher etwas gesagt hatten, so war ihr doch diese Tollheit überraschend. Indeß fand sie gleich Mittel, ihn noch einige Tage hinzuhalten. Die Trennung von Italien und ihrer Familie verdiene reife Ueberlegung, zudem käme ihr der Vorschlag sehr unerwartet ꝛc. Er hat sich zwar erboten, sie, wenn es ihr in Deutschland nicht gefiele, wieder nach Italien zu führen, — indeß hat sie doch mehrere Tage Bedenkzeit verlangt, um mit sich und ihren Verwandten die Sache zu überlegen. Es ist mir herzlich schwer geworden, sagte sie, dem Unverschämten die Thür nicht sogleich zu weisen, und ihn mit seiner lächerlichen Hoffnung so hingehen zu lassen.

Und was wird nun aus uns, Fiormona? fragte ich mit beklommenem Herzen.

Ein Paar Menschen, sprach sie, und umschlang mich so innig, so heiß — ein Paar Menschen, die es werth sind, sich gekannt zu haben, sich geliebt zu haben.

Und was wird aus Dir, Fiormona? frägte ich steigend. Nicht diesen schmerzlichen Blick, mein Theurer, Einziger; nicht diesen unterdrückten Ingrimm! Ich dachte, Du solltest recht heiter kommen, und unsere letzten Tage sollten so fröhlich sein, oder doch so freudig ernst, wie die niedergehende Sonne.

Die Schmeichlerin machte mich bald ruhig, und füllte meine Seele mit all' ihrer erhabenen Größe, in der sie vor mir stand.

Ich kann nicht länger ausweichen, sprach sie; auch für Dich wird es jetzt stürmisch; man drängt mich von allen Seiten. Ich muß wählen, und habe gewählt. M*** erhält über vier Tage meine Hand. — Nicht so stumm und in finstern Gedanken, mein Lieber — es muß so sein.

Ja! und daß es so sein muß!

Der Graf bekommt dann seinen Bescheid. Du reisest oder bleibst — am besten, Du reisest, und Fiormona's Segen mit Dir. Der Himmel wird Dich glücklich machen, weil Du mich so unaussprechlich beglückt hast. Mein Dank wird Dir fruchtbares Heil bringen. — Hinterlaß' mir keine Thränen und keine Reue. Ich werde nicht unglücklich sein. Mein künftiger Mann schätzt mich, und soll mich noch höher schätzen lernen. Liebe kann ich nicht von Jedem fordern; ich kann sie nicht Jedem geben.

Stumm lag ich an ihrer Bruft — von Lieb' und Größe und Schwachheit wechselnd hingeriffen. Und muß es denn jetzt fein? rief ich. Ift denn kein anderes Mittel, kein Ausweg?

Sie hob mich fanft empor, und mit dem zarteften Ausdruck der Liebe und der — ach, ich habe keine Worte für das himmlifche Wefen — fprach fie, und drückte meine Hand in leifem Entzücken unter ihr Herz: Hier, mein Liebling, fchlummert fchon ein Leben von Dir, ein füßes Andenken meines Karls.

Du haft das nie erfahren. Du müßteft denken, ich fei von Sinnen, wenn ich Dir die Freude malen follte. Ein neues zartes Band hatte die Liebe zwifchen uns gewebt. Das war eine Umarmung! Engel müßten fie neiden, und Götter uns felig preifen. Ich fage Dir nichts mehr; ich kann nichts mehr fagen, mein Herz ift zu voll. Ich rufe Dir mit Wieland zu: Ihr, denen die Natur beim Eingang in dies Leben 2c.

Mir ist es noch gar nicht, als wenn ich von hinnen gehen würde, und doch kann ich die Tage, die Stunden zählen. Wohin ich gehen werde? das weiß ich nicht. Auch sinn' ich noch auf einen guten Vorwand wegen dieser plötzlichen Abreise. Vorläufig habe ich schon davon angestimmt.

Aber in diese letzte Zeit wird auch noch aller Wein der Seligkeit zusammengepreßt. O ich fühl' es, ich kann von der Erinnerung dieser letzten Nächte Jahrelang leben. Wenn sie so die runden weichen Arme um mich schlingt, das liebe Herz unter meinen heißen Küssen zittert, die Stelle, wo das lieb= liche Geschöpf unserer himmlischen Liebe in süßer Unschuld schläft — ach! ich fühl' es, es giebt keine höhere Seligkeit. Und die süßen Gespräche, die freundlichen Erinnerungen, der hohe Trost von den Rosenlippen — alle Wonne der Liebe noch in einen Becher zusammengegossen, und im süßen Vergessen den Nektar hinuntergeschlürft! — Es ist ein thörichter Wunsch, aber er fällt mir oft ein: wenn ich nun so auf ihrer Brust vom Uebermaß der Lust überwältigt in sanfte Träume hinüber= schlummere, und mein ganzes Leben sich noch in ihrem Leben verliert, — dann plötzlich weggerafft zu werden von dieser Erde, oder in den hohen Entzückungen in ein besseres Sein zu ver= schweben, leise wie von Blume zu Blume die Biene, sanft mich verlierend, wie Abendröthe — es ist nur ein Wunsch, aber ich will Dir alle Freuden meines künftigen Lebens für die Er= füllung verkaufen.

Nun noch zwei Tage bei ihr, und dann die letzte Nacht. Fühlst Du das, Ueberglücklicher — die letzte! — Und doch

bin ich so ruhig, als wenn jenseits dieser letzten nichts mehr
wäre, kein Schmerz, — auch keine Freude? Ich habe jetzt
für Zukunft keinen Sinn; die liegt wie ein Chaos vor mir da,
das mich nicht kümmert. — Und wie sich Fiormona dieser Ruhe
so innig freut?

Den 25. Abends.

Nun weiß ich, wohin ich aus diesem Himmel gehe; Fiormona sendet mich als einen Schutzengel ihrer unglücklichen Freundin. Ich bin stolz auf den Auftrag, und gehe nun — nicht gern — aber doch weniger ungern von dannen.

Ich schrieb Dir neulich von einer sehr unglücklichen Frau, die an ihren Mann gekettet ist. Er lebt in Capua, und ist jetzt mit ihr hier, und sie hat auch eine Schwester in Rom. Heute traf ich sie und Fiormona an. Sie schwamm in Thränen, und ich sah, daß in Fiormona's Seele sich gewaltige Gedanken bewegten. O ihr Tyrannen, rief sie mir entgegen! Solche eherne Herzen giebt es unter Euch, daß ihr so ein Weib in Thränen zerfließen seht, und sie — pfui der Barbaren, noch mißhandelt! — Ich erklärte mir leicht, an wen diese Apostrophe gerichtet sein mußte, und erfuhr dann, daß der Filz heute dazu gekommen sei, als sie einer armen Person im Hause etwas Speise reichen ließ, ihr einige Kleidungsstücke schenkte, und mit ihr sprach. — Sie sah es gleich an seinem grimmigen Blick, daß es ihm nicht recht war, und nachher brach er los, und schalt und schimpfte auf ihre Verschwendung, so niedrig, so pöbelhaft — es ist unglaublich! — und als sie sich ihm nahte, die Ent- schuldigung und die Fürbitte für die Armen auf ihrer Lippe, um die das himmlische Mitleiden schwebte, Thränen im Blick — sieh! da stieß sie der Wilde, der Tartar mit Stößen und Schlägen zurück, schleuderte die ihn umschlingenden Arme von sich, riß sich los, als sie seine Knie umfaßte. — Und als sie nun halb ohnmächtig zu seinen Füßen lag, da ging der kalte Klotz weg — und rechnete.

Die Geschichte, bei der Ströme von Thränen noch immer über die blasse Wange rannen, durchschnitt mich, wie ein Schwerdt. Wüthend spannten sich meine Muskeln und alle Nerven in mir zur Rache. O, es ist eine einzige Empfindung, Götterkraft in sich zu fühlen, das Unrecht zu rächen, und die leidende Tugend zu schützen!

Und in dem Joche darfst Du nicht angeschmiedet bleiben! sagte Fiormona dringend.

Nimmermehr! rief ich, und wenn zehn Leben darüber verbluten sollten.

Fiormona hatte ihr schon sehr zugeredet, zu entfliehen, und nach Rom zu gehen. Sie wolle sich beim Cardinal, ihrem Anverwandten, dort für sie ernstlich verwenden. Und es möge kommen, wie es wolle, so unerträglich könne ihr Loos nimmer werden, als sie es bisher erduldet habe. — Jetzt vereinigte ich meine Vorstellungen mit den ihrigen; ach! mit welcher Beredsamkeit haben wir gesprochen, die immer neue Kraft aus ihren Thränen sog, wie sind wir in sie gedrungen, das verhaßte Band zu zerreißen, zumal kein Kind sie fesselte, — (ein Sohn war vor wenigen Wochen gestorben), welche Gründe der Vernunft hab' ich aufgeboten, ihr zu zeigen, daß sie keine Pflicht verletze, und viel mehrere verletze, wenn sie bliebe. Die weibliche Sittsamkeit, die Furchtsamkeit und Liebe zu gutem Ruf und zur Ruhe rang immer dagegen, und das Gefühl erlittenen Unrechts, nebst allen Schrecknissen der Gegenwart und einer immer sich verschlimmernden Zukunft mußte sehr stark sein, um uns am Ende doch den Sieg zu verschaffen. Vorzüglich trug wohl Fiormona dazu bei, die, selbst ein Frauenzimmer, so standhaft und unerschütterlich auf ihre Entfernung drang, und mit Gewißheit ein besseres Schicksal prophezeihte. Wozu kann sie nicht überreden? und wen überwiegen solche Gründe nicht, denen das innere Gefühl schon das stärkste Gewicht giebt?

Der Entschluß war also gefaßt, und Fiormona drang darauf, ihn baldigst auszuführen. Wir machten also aus, daß die Abreise morgen in der Nacht vor sich gehen solle. Und Sie, mein lieber Freund, sagte Fiormona zu mir, werden mir die letzte Bitte nicht abschlagen, sich meiner Freundin anzunehmen, und sie glücklich nach Rom zu bringen. — Ich weiß, wem ich Dich anvertraue, holdes Weib. Der Auftrag ehrt den Mann, so wie er den Auftrag ehren wird. Sei unbesorgt, unverzagt; nur so lange männlich standhaft. Jenseits des bangen Augenblicks ist Ruhe. —

Ich habe es ihr nun überlassen, die Arme, Geängstete bei dem Entschluß zu erhalten. Da es doch kein Geheimniß bleiben kann, daß ich mit in das Spiel verflochten bin, so werde ich nun nichts von meiner Abreise sagen, und so bin ich der lästigen Abschiede überhoben.

So ist sie mir hier zum letzten Male aufgegangen, die liebe freundliche Sonne! Ich habe sie heute so wehmüthig begrüßt, als sie ihr Morgenlicht über mein glückliches Bajä ausgoß. Vor Jahrtausenden stieg sie eben da herauf, sah hier andere Menschengeschlechter, andere Freuden, andere Thränen. Und die Menschengeschlechter sind dahingegangen mit ihren Freuden und ihren Thränen, und wir dahingehen, wie sie; nur die Stätte bleibt, und Du, schönes Licht!

Wie in einem Heiligthume bin ich heute umhergewandelt. Jeder Grashalm war meinem Herzen so theuer, jeder Rasen=hügel ein Altar, jeder Hain ein Tempel. Und die freundlichen Quellen umher schimmernd in den ersten Strahlen, und das Bosket von hohen Pignen und Akazien, wo ich so oft mit ihr saß, und der Schattengang an den warmen Bädern längs der rauschenden See hin, alles so hehr, so traut, so lieb! Alle Schritte habe ich noch einmal verfolgt! Es ist kindisch; auf jede Bank, wo ich mit ihr gesessen habe, setzte ich mich noch einmal nieder, und sank in Phantasieen eines liebenden Gefühls. Franz, es ist nicht kindisch! Ich war in den Augenblicken so glücklich! Man weilt auf Gräbern der Geliebten, warum denn nicht an den heiligen Plätzchen, die sie im Leben durch Freude geweiht hat? — Alles ging noch einmal vor meiner Seele vorüber, jedes traute Gespräch, jede hohe Empfindung, jeder schweigende verstandene Handdruck, jede verstohlene Umarmung! Abschied hab' ich genommen; ich hätte gern die Plätzchen um=armt, und die Bäume an mein Herz gedrückt. Und wenn Du darüber mitleidig lächeln kannst, und Dir nicht eine Thräne im Auge steht, — so verdamme Dich Gott, daß Du nie diese Seligkeit der Wehmuth fühlst. — Aber, mein Franz, Du darüber lachen? —

Alles ist bereit. Um mich eine Todtenstille, durch die mein Herz dann und wann gewaltig klopft. Noch eine Stunde, und ich bin bei Fiormona — zum letzten Mal!

Hermann kam heute Nachmittag zu mir. Der Graf ist wüthend, sagte er; es ist gut, daß Sie reisen. Heute den ganzen Morgen war er unruhig. Ich hörte ihn im Neben= zimmer mit einer Frauensperson sprechen, und sehr heimlich sprechen, und — ich müßte mich sehr täuschen — ich hörte Ihren Namen zu wiederholten Malen. Ich gab Achtung, als sie wegging, es war ein Mädchen aus dem C...ttischen Hause. Bei Tisch — wir speisten allein, — erhielt er ein Bil= let. Er las und sprang wild auf, knitterte das Papier in den Händen, warf es zur Erde, lief heftig im Zimmer auf und nieder, gab keine Antwort, wenn ich fragte, stieß Ihren Namen einige Mal mit einem Fluche aus, und lief endlich, als würd' es ihm zwischen den Wänden zu enge, in den Garten hinunter. Ich hob das zerdrehte Papier auf. Fiormona schrieb ihm: „Sie haben, Herr Graf, gestern wieder so sehr in meine Mut= ter und mich gedrungen, daß ich sie nicht länger in Ungewißheit lassen mag. Ich habe schon anders gewählt; morgen werden sie meine Wahl erfahren." — Ich glaube beinahe, er muthmaßt auf Sie. Denn bald darauf kam er wieder herauf, und fragte mit argwöhnischem Blick, ob Sie morgen abreisen? Ich sagte ihm, daß ich von nichts wüßte. Oder diese Nacht? fuhr er fort, immer mißtrauischer. Ich läugnete so unbefangen, als möglich, aber Sie sehen nun, wo sein Argwohn hinausläuft. —

Hermann wußte zwar, daß ich reisen würde, aber von meiner Gesellschafterin kein Wort. Jetzt, da ich einen neuen Beweis seiner Anhänglichkeit an mich hatte, und er mir ohnedies behülflich sein konnte, entdeckte ich ihm unser Vorhaben, daß er, trotz seiner kalten, immer lang überlegenden Vernunft sogleich billigte. Er hatte mir gesagt, daß er eine Schwester habe, die nicht viel glücklicher verheirathet sei, welches er sehr tief zu fühlen schien; und das mochte mit eine Ursache sein, warum er diese Befreiung sogleich erfaßte, und mir versprach, redlich beizustehen. Wir redeten alles mit einander ab. Er soll mich unweit Fiormona's Hause erwarten. Eine Stunde nach Mitternacht wollen wir dann unsere Gefangene erlösen, wozu schon alle Anstalten gemacht sind, und dann — so rasch als möglich fort.

Die Warnungen wegen des Grafen mögen wohl Grund haben. Ich bin froh, daß ich mit dem Menschen auseinander komme. Zuerst also gehe ich nach Rom; von dort aus schreibe ich Dir wieder. Ich denke ja, es soll alles gut gehen. Das Mitleiden wird die Gerettete unter die Mutterflügel nehmen. —

Und nun das letzte Lebewohl! Einige Mal überlief meine Stärke heute ein Fieberschauer. Einmal fuhr's mir sogar durch den Sinn, mir die Qual zu sparen, und so davon zu gehen. Aber nein, ich muß die thränenvolle Wonne noch einmal an ihrem Halse schmecken, mich noch einmal an der himmlischen Liebenswürdigkeit stark und groß sehen, und mit dem letzten Kusse all' ihre männliche Standhaftigkeit in mich ziehen. —

Ich habe den letzten Gang gemacht, alles bestellt, und erwarte nun ruhig die Nacht. Es ist schwül draußen und schwarze Wetterwolken ziehen auf. Der Himmel will unserer

Flucht günstig sein, — und meinem Herzen. Unter der
empörten Natur wird mir's leichter werden.

Ich habe noch eine halbe Stunde an meinem Lieblingsplatze
gelegen, und die Sonne durch die schwarzen Wolken majestätisch
untergehen sehen, ruhig zwischen den drohenden Wettern. Ja,
da fühlt' ich es innig; das ist ein wahres Bild unseres
Scheidens. O diese Nacht ist der höchste Triumph unserer Liebe;
der Probirstein, ob sie echt und groß, oder nur kleinliche
Leidenschaft war. Mit allem Feuer der Einbildungskraft rief
ich mir meine Wandlungen am Vesuv, am Monte Somma,
am Pausilipp zurück, wo der Kämpfer seine Kraft prüfte, und
zum großen Wagestück bereitete. Hob mich damals die Liebe
über alle Klippen empor, durchwehte mich damals ein Ahnen
höherer Kraft, o wie muß mir jetzt die Liebe den Adlerflug
stärken, wie mein veredeltes Wesen, geläutert durch das heilige
Feuer, Fiormona's große Idee von der wahren Liebe fassen,
und unter dieser Aegide allen Blitzen des Schicksals entgegen=
fliegen.

Ich stehe nun am Ende und überschaue die durchwandelte
Laufbahn. Wie ist sie mit Blumen bestreut, welche Blüthen
der Freude, der zarten und hohen Empfindung des reinen
Genusses keimten auf ihr hervor! — Und das ist nun Alles
hinter mir! Alles verwelkt? Vorüber wie ein Traum, von
welchem den Erwachenden nichts bleibt, als leerer Schatten?
— Meines ganzen Daseins Freude vorausgenossen, verschwelgt
in wenigen Wochen unnennbarer Seligkeit, und lange Jahre
nun zu darben? — O Gott! ich hätte in den langen Jahren
nicht die Idee einer solchen Wonne erschwungen? Und geht
denn wirklich Alles so vorüber? O es bleibt ein unendlich reicher
Schatz, der — ich fühl' es — mich überall, so lange mein

Wesen nicht zerstört wird, begleitet, und mit dem ich durch alle Ewigkeiten wuchern kann. So liebten nur Wenige, aber nur solche Liebe zeugt die Frucht, die am Baume der Vollkommenheit reift. — Ich lasse Dich, Engel Fiormona! Aber ich nehme Dein bestes Geschenk mit weg. Wir werden uns hier nie wieder sehen — vielleicht dort nie wieder erkennen; aber wir haben uns erkannt, und werden unter allen Verwandlungen uns halten und in einander weben und empfinden und selig sein. Mag eine Thräne auf das irdische Grab unserer Liebe fallen! Psyche entfaltet über dem Staube die Schwingen gestärkter, und wird ein Loblied Deiner Liebe. — — —

Es ist Zeit. Hermann kommt. Sollte mich irgend ein Schicksal treffen, ihm hab' ich Alles aufgetragen. — Meine arme Schwester, ich sehe Euch nun bald wieder, vielleicht auch nicht! Wie es auch gehe, — gedenke unserer unsterblichen Freundschaft — Franz! Lebe wohl!

* * *

Die letzteren Nachrichten meines Freundes, welche ich durch einen Umweg erst gegen Ende des Junius erhielt, machten mich sehr für ihn besorgt. Diese Besorgniß wuchs von Tag zu Tag, da schon ein Monat verflossen war, und ich noch keine andere Nachricht erhielt. Seine Schwester, die so ganz an diesem geliebten Bruder hing, drang zu wiederholten Malen in mich, ihm zu schreiben, so daß ich ihr zuletzt sagen mußte, daß ich den Ort seines Aufenthalts nicht wisse, — eine Nachricht, die sie in ihrer damaligen Gemüthslage fast ganz zu Boden schlug.

Endlich erhielt ich einen Brief von Hermann aus Venedig vom vierzehnten Junius. Ich theile ihn hier dem Leser wörtlich mit.

„Mein Herr, oder lieber: Freund meines Freundes! Ich erfülle den traurigen Auftrag eines Mannes, der mich seiner Freundschaft werth hielt, und mich dazu ernannte, Dem, der ihm in seinem Vaterlande der theuerste war, von seinen fernern Schicksalen Nachricht zu geben, wenn er selbst es nicht mehr könne. Damals glaubte ich nicht, sobald die Pflicht erfüllen zu müssen. Jetzt — hören Sie die kurze Geschichte einer un= glücklichen Begebenheit.

Sie wissen die Ursachen, welche unsern Freund bewogen, Bajä zu verlassen, und eine der dortigen Damen mitzunehmen. Ich hatte es auf mich genommen, ihm in jener Nacht beizu= stehen. Einige Stunden vor der Ausführung brachte ich mit ihm allein zu. Er war ruhig, und trotz des nahen Abschiedes heiter. Ich hatte ihn manchmal bewundert; jetzt stand er wahr= haft groß vor mir. Sie werden selbst fühlen, welche Erhabenheit darin liegt, in dieser Lage ruhig und heiter zu sein. Er sprach noch manches über sein Verhältniß mit Fiormona; innige Zufriedenheit schwebte auf seinem Gesicht, und männliche Stärke sprach aus jedem Worte. Er ist einer von den wenigen Weisen, die, wenn die Freuden nun dahin schwinden, den dankenden heiteren Blick zum Himmel aufschlagen. Denke ich mir die Größe seiner einzigen Freuden, so ist er vielleicht nur einzig. Diese letzten Stunden werden mir unvergeßlich bleiben.

Gegen Mitternacht gingen wir fort; er zu Fiormona, und ich, um zu sehen, ob der Wagen und alles Uebrige bereit sei. Es war ein fürchterliches Wetter über Bajä heraufgezogen. Nach einer Stunde, wo es meist ausgetobt hatte, kam ich zurück, und hielt mich in der Gegend des Hauses auf, ihn zu erwarten. Er kam. Ehe er mich erreichte, hörte ich Geräusch, und er sank nieder. Ich sprang sogleich hinzu, und richtete ihn empor; ein Mensch entfloh durch die Nacht. „Laß mich,“ sprach er; — „der Graf — eile — rette Du! — es ist vorbei!“ — Ich hielt ihn ganz betäubt — fest in meinen Armen. In einem kleinen Hause in der Nähe sah ich noch Licht. Dahin trug ich ihn. Die Angst gab mir Riesenstärke. Die guten Leute darin thaten alles, es ihm zu erleichtern. Das war vergebens. Der Stoß war von hinten, wahrscheinlich durch's Herz gedrungen. — Wenige Minuten, und das Leben war dahin.

Starr stand ich noch einige Augenblicke bei seiner Leiche; er war auch ruhig im Tode. Da war's, als käme sein Geist über mich. „Rette Du!“ sagte der Sterbende. — Noch einen Kuß drückte ich auf die bleichen Lippen — ach Fiormona! — und eilte dann schnell davon. Die Dame erwartete schon ihren Befreier, war verwundert, mich, nicht ihn zu sehen; folgte mir aber endlich, da sie unsere Freundschaft kannte. Wir waren bald am Wagen, und bald über Bajä hinaus, — Gott weiß, mit welchem Herzen! Wir kamen glücklich in Rom an.

Nachdem die erste Bestürzung vorüber war, und ich die Geschichte überdachte, war mir Alles klar und deutlich. Der Graf mit seiner wüthenden Leidenschaft hatte in unserem Freunde seinen glücklichen Nebenbuhler gesehen, und, gewiß überzeugt, daß nur er es sei, der ihm den Rang abliefe, haßte er ihn töblich. Als Fiormona ihm schrieb, daß sie anders gewählt habe, und am folgenden Tage ihre Wahl bekannt machen würde, fiel sein schrecklicher Verdacht nur auf ihn. Zudem lassen mich seine scharfen Fragen, und besonders das: Wird er diese Nacht reisen? muthmaßen, daß er von den nächtlichen Zusammenkünften, — vielleicht durch Fiormona's Mädchen, — Nachricht erhalten, die Anstalten zur heimlichen Abreise gemerkt, und wohl gar von einer Entführung gehört habe, die er natürlich auf niemand Anders, als Fiormona deuten konnte. — Seine Leidenschaft muß fürchterlich gewesen sein. Denn so ein Wagestück habe ich ihm nie zugetraut.

Nach etlichen Tagen erhielt ich, — gewiß auf Fiormona's Veranstaltung — Alles, was ich zurückgelassen hatte, nebst ein Paar Zeilen vom Grafen, wahrscheinlich vor der That geschrieben, welche die Nachricht einer plötzlichen Abreise enthielten, und mit einem starken Wechsel begleitet waren. Eine mir unbekannte Hand meldete mir, daß der Graf mit einer Wunde am Arm noch in der Nacht abgereist sei, aber kein Wort von dem Ermordeten. Auch Fiormona's Brief an seine Freundin erwähnte seiner nicht. Sie schrieb nur am Ende: Danke Deinem entschlossenen Befreier auch in meinem Namen. Sollte sie die Geschichte gar nicht erfahren haben? Das ist nicht möglich! Aber wahrscheinlich hat sie Alles gethan, sie zu unterdrücken, und so leicht auch der Thäter zu errathen war, hat sie gewiß alle Inquisitionen zu vermeiden gesucht, weil sie selbst zu viel dabei gelitten hätte, und von ihren Verhältnissen zu viel enthüllt worden wäre. Aus ihrem Briefe erfuhr ich, daß sie ihre nahe Verbindung mit M*** bekannt gemacht habe.

Ich hielt mich noch kurze Zeit in Rom auf. Die Sache meiner Begleiterin scheint sehr gut zu gehen. Ihre Familie ist außerordentlich froh über ihre Erlösung.

Ich forschte zwar unter der Hand nach näheren Nachrichten aus Bajä, erfuhr aber weiter nichts, als dunkle Gerüchte. Niemand konnte etwas Gewisses darüber sagen. Man setzte wohl allerlei Vermuthungen zusammen, aber helles Licht war nicht zu finden. Dies bestärkt mich immermehr darin, daß Fiormona Alles gethan hat, um die Sache zu vertuschen. — Vom Grafen habe ich noch keine weitere Nachricht.

Einige Mal war ich im Begriff, noch einmal nach Bajä zurückzugehen; aber es hielten mich zu viel Gründe ab. So reiste ich dann über Florenz nach Venedig. Mein hiesiger Aufenthalt wird kurz sein, und wenn ich durch Ihre Gegend komme, hoffe ich gewiß, Sie zu sehen.

Ich hätte Ihnen eher geschrieben, aber ich glaubte immer noch, nähere Nachrichten zu erhalten, und mit einer solchen Zeitung eilt man nicht gern. Da Fiormona die Besorgung auf sich genommen hatte, Ihrem Freunde seine zurückgelassenen Sachen nachzuschicken, so vermuthe ich, daß sie Ihnen vielleicht davon Nachricht geben wird.

Ich fühle an meinem Verlust, wie viel Sie verloren haben. Uns bleiben einerlei Gründe zur Beruhigung. Er hatte das Leben genossen, und wurde, wie er sich's manchmal wünschte, gleich nach dem schönsten Genuß dahin gerafft, 2c.

Ich darf nichts von meinem Schmerz sagen. Wer diese Bogen gelesen hat, muß ihn lieb gewonnen haben, und wird meinen Verlust mit mir fühlen. In der Freundschaft war er einzig, wovon auch diese Briefe zeugen. Seinen Freunden kann er durch Nichts ersetzt werden, wiewohl ihr Blick selbst durch Thränen sein Schicksal selig preist.

Nach mehr als einem Monat erhielt ich eine Kiste mit allen Sachen des Verstorbenen. Nur einige Zeilen lagen dabei:

„Ich glaube dem vertrauten Freunde Karls **** keinen unangenehmen Dienst zu erzeigen, wenn ich ihm alle Effekten des Verstorbenen übersende."

„Fiormona M****."

Unter den Sachen, die ich mit wehmüthigem Herzen, und unter mancher Thräne durchsuchte, fand ich noch viele Papiere aus der letzten glücklichen Zeit; auch Einiges von Fiormona's Hand, das ganz das Gepräge ihres Geistes trug. Alles das sind mir theure Schätze, die ich um kein Museum eines Königs vertauschen würde.

Fiormona hatte mich durch ihren hohen Charakter und ihre sonderbare Herrlichkeit sehr angezogen, und in mancher ruhigeren Stunde, in der ich das Schicksal der beiden Liebenden überdachte, wandelte mich die Begierde an, zu wissen, ob dies außerordentliche weibliche Wesen das große Problem gelöst habe, und ihre Maximen so gewissenhaft befolgte, als sie solche hell und ganz durchgedacht zu haben schien.

Vor einem Jahre ging wieder einer meiner Bekannten nach Italien, und ich gab ihm den Auftrag, sich nach dieser Frau zu erkundigen, ohne ihm meine Absicht zu entdecken. Er schrieb mir aus Neapel, daß er sie selbst einige Mal in Gesellschaft gesehen habe, und von ihrer Liebenswürdigkeit ganz bezaubert wäre. Sie scheine glücklich verheirathet, habe drei Kinder, denen sie die zärtlichste Mutter sei. Ihr Ruf sei allgemein gut, ihre ganze Aufführung untadelig, und sie sehe sich von Allen geehrt und geliebt.

Ich darf nun über diesen einzigen Charakter kein Wort mehr hinzusetzen. Er hat mir schon oft reichen Stoff zur Betrachtung gegeben. Solche Erscheinungen sind Jedem, der den Menschen und menschliche Würde liebt, sehr interessant.

In mancher Stunde nehme ich die Briefe meines Freundes in die Hand. Mir ist, als hätte ich ihn wieder bei mir, und blätterte, wenn ich so sagen darf, in seinem Geiste. Wie viel hat er in dem kurzen Leben gelebt!

Nie lege ich diese Zeugnisse seines Geistes und seiner Glückseligkeit aus der Hand, ohne mich empfänglicher für die höheren Freuden dieses Lebens, gestärkter zu jeder Resignation, erhabener über allen Kleinmuth, und stolzer auf Menschenwürde zu fühlen. Ich hoffe, daß sie bei allen edlen und feinen Seelen, denen ich sie hiermit widme, ähnliche Empfindungen hervorbringen werden.